中崇信系列丛书之十二

《农村集体经济组织财务制度》解读与应用

姚杰章 戴琼◎主编

中国财经出版传媒集团
中国财政经济出版社

图书在版编目（CIP）数据

《农村集体经济组织财务制度》解读与应用 / 姚杰章，戴琼主编. --北京：中国财政经济出版社，2022.3（2023.7重印）

（中崇信系列丛书；之十二）

ISBN 978-7-5223-1214-9

Ⅰ.①农… Ⅱ.①姚… ②戴… Ⅲ.①农村经济-集体经济-财务制度-研究-中国 Ⅳ.①F321.32

中国版本图书馆 CIP 数据核字（2022）第 037689 号

责任编辑：武志庆　　　　责任校对：张　凡

封面设计：智点创意　　　　责任印制：党　辉

《农村集体经济组织财务制度》解读与应用

NONGCUN JITI JINGJI ZUZHI CAIWU ZHIDU JIEDU YU YINGYONG

中国财政经济出版社 出版

URL：http：//www. cfeph. cn

E-mail：cfeph@ cfeph. cn

社址：北京市海淀区阜成路甲 28 号　邮政编码：100142

营销中心电话：010-88191522

天猫网店：中国财政经济出版社旗舰店

网址：https：//zgczjjcbs. tmall. com

北京富生印刷厂印刷　各地新华书店经销

成品尺寸：170mm×240mm　16 开　10.75 印张　150 000 字

2022 年 3 月第 1 版　2023 年 7 月北京第 4 次印刷

定价：50.00 元

ISBN 978-7-5223-1214-9

（图书出现印装问题，本社负责调换，电话：010-88190548）

本社质量投诉电话：010-88190744

打击盗版举报热线：010-88191661　QQ：2242791300

前言

随着农村集体经济的发展和产权制度改革的不断推进、新型农村集体经济组织的陆续建立和新的生产关系不断演进，农村集体经济组织财务管理内容和财务关系发生了重大变化，新型财务关系的建立和资源性资产价值凸显，原有的制度设计在如何理顺新型股份经济与合作经济的财务关系、如何加强对资源性资产的价值管理、如何对新型股份经济和合作经济资本的筹集进行规范与管理、如何规范管理日益复杂多样的投资与合作形式等方面明显滞后。

为加强农村集体经济组织财务管理，规范农村集体经济组织财务行为，理顺财务管理关系，巩固农村集体产权制度改革成果，保障农村集体经济组织及其成员的合法权益，为发展新型农村集体经济提供制度保障，2021年12月7日，财政部、农业农村部联合发布了《农村集体经济组织财务制度》。

为便于农村集体经济组织财务管理人员理解和掌握《农村集体经济组织财务制度》的内容和要求，并将其熟练应用于财务管理的工作实践中，中崇信机构组织多年从事农村集体经济管理，以及农村集体经济组织审计、咨询服务工作的专业人员，依据历年来国家颁布的法律、法规和政策，结合农村集体经济组织管理实践和财务管理基础理论，并结合《企业财务通则》和《企业会计准则》等相关制度的优秀成果，对《农村集体经济组织财务制度》进行逐条解读并辅以相关案例说明，以期为农村集体经济组织管理人员学习和运用《农村集体经济组织财务制度》提供帮助。

本书的出版，得益于农业农村部和北京市农业农村局相关领导的大力支持和帮助，也得益于相关基层农村集体经济管理部门的大力支持和帮助，以及全体编委会成员在短时间之内所付出的艰辛努力，在此一并致谢！

囿于编委会成员的水平和时间，本书中肯定存在不少疏漏甚至不正确的地方，恳请读者朋友批评指正！来函请致 zdcpa@vip.163.com，您的批评和指正是对我们最大的支持和鼓励！让我们共同努力，为促进农村集体经济的发展，推进国家乡村振兴战略实施奉献微薄之力！

戴琼

2022 年 1 月 23 日

目　录

第一章　总　　则

【原文】　第一条　为加强农村集体经济组织财务管理，规范农村集体经济组织财务行为，巩固农村集体产权制度改革成果，保障农村集体经济组织及其成员的合法权益，促进农村集体经济发展，根据有关法律、行政法规，结合农村集体经济组织实际情况，制定本制度。

【解读】　发展和壮大农村集体经济，不仅是引领农民实现共同富裕的重要途径，也是关乎整个社会稳定和发展的重大问题。为了加强农村集体经济组织财务管理，1996 年 3 月 14 日，财政部颁布了《村合作经济组织财务制度（试行）》（财农字〔1996〕50 号）；部分省市根据各自实际情况制定了相应的财务管理制度。例如，1997 年 1 月，北京市财政局印发了《北京市村合作经济组织财务制度实施细则》；2007 年 11 月，山西省农业厅印发了《山西省农村集体经济组织财务管理制度》等。这些制度对农村集体经济组织的资金筹集、资产管理、对外投资、经营收支及收益分配、民主理财与财务公开，以及财务人员和财务档案管理等进行了明确和规范，为农村集体经济组织规范财务处理和理顺财务关系奠定了坚实的基础，但这些制度的设计都是特定历史时期的产物。

随着农村集体经济的发展和产权制度改革的不断推进、新型农村集体经济组织的陆续建立和新的生产关系不断演进，农村集体经济组织财务管理内容和财务关系发生了重大变化，新型财务关系的建立和资源性资产价值的凸显，原有的制度设计在如何理顺新型股份经济与合作经济的财务关系、如何加强对资源性资产的价值管理、如何对新型股份经济和合作经济资本的筹集进行规范与管理、如何规范管理日益复杂多样的投资与合作形式等方面明显滞后。

本次制度的修订，旨在规范农村集体经济组织财务行为、理顺财务管理关系，巩固农村集体产权制度改革成果，保护农村集体经济组织及其成员的合法权益，为发展新型农村集体经济提供制度保障。

本次制度修订主要依据《中华人民共和国民法典》《中华人民共和国会计法》《关于推动农村集体财务管理和监督经常化规范化制度化的意见》（农经发〔2003〕11号）、《关于进一步加强村级债务管理坚决制止新增债务的通知》（农经发〔2005〕21号）、《国务院办公厅关于坚决制止发生新的乡村债务有关问题的通知》（国办发〔2005〕39号）等相关法律法规。

【原文】 **第二条　中华人民共和国境内依法设立的农村集体经济组织适用本制度。**

【解读】 对财务管理主体的界定，是财务管理基本假设前提之一。本制度所称“中华人民共和国境内”，即指中华人民共和国拥有主权的除香港特别行政区、澳门特别行政区以及台湾省之外的中华人民共和国领土。这是对农村集体经济财务管理主体从地域空间的界定。

农村集体经济组织产生于20世纪50年代初的农业合作化运动，是为实行社会主义公有制改造，在自然乡村范围内，由农民自愿联合，将其各自所有的生产资料（土地、较大型农具、耕畜）投入集体所有，由集体组织农业生产经营，农民进行集体劳动，各尽所能，按劳分配的社会主义经济组织。2015年11月，中共中央办公厅、国务院办公厅印发的《深化农村改革综合性实施方案》提出，在土地集体所有基础上建立的农村集体经济组织制度，与村民自治组织制度相交织，构成了中国农村治理的基本框架。

农村集体经济组织是以土地等生产资料集体所有为基础建立的特殊组织。它既不同于企业法人，又不同于社会团体，也不同于行政机关，自有其独特的政治性质和法律性质。《中华人民共和国民法典》第九十六条规定，机关法人、农村集体经济组织法人、城镇农村的合作经济组织法人、基层群众性自治组织法人，为特别法人。

2016 年 12 月 26 日印发的《中共中央国务院关于稳步推进农村集体产权制度改革的意见》明确，农村集体经济组织是集体资产管理的主体，是特殊的经济组织，可以称为经济合作社，也可以称为股份经济合作社。该文件同时强调，农村集体经营性资产的股份合作制改革，不同于工商企业的股份制改造，要体现成员集体所有和特有的社区性，只能在农村集体经济组织内部进行。《中华人民共和国民法典》虽然明确了农村集体经济组织的特别法人地位，但在国家层面至今还没有一部专门法律对农村集体经济组织作出规范。值得一提的是，全国人大常委会已将“制定农村集体经济组织法”列入 2022 年度立法工作计划。

【原文】　**第三条　农村集体经济组织应当建立健全财务管理制度，如实反映农村集体经济组织的财务状况。合理筹集资金，管好用好集体资产，建立健全收益分配制度和激励约束机制，加强财务信息管理，完善财务监督，控制财务风险，实现集体资产保值增值，推动集体经济发展。**

【解读】　任何管理活动都基于特定环境。构建适当的财务管理环境是进行财务管理活动的基础。本条要求建立健全财务管理制度，如实反映农村集体经济的财务状况，既是对农村集体经济组织内部控制环境的基本要求，也是对农村集体经济组织会计核算的基本要求。

1996年以来，中央下发了多个文件，要求加强农村集体资产监督管理、推进农村集体经济组织财务管理规范化建设，并对民主理财、财务公开、征地补偿费账户管理、会计委托代理等提出具体要求。

近年来，农村集体经济不断发展，集体经济组织持续改革，农村经济活动不断丰富，会计委托代理制度的建立、内部控制的制定和实施、土地确权和流转以及三权分置、产权制度改革、村民委员会事务和集体经济事务分离及配套的账务分离等，农村集体经济组织的内外部管理和制度环境都发生了很大的变化，亟须加强和完善财务管理工作。《中共中央 国务院关于稳步推进农村集体产权制度改革的意见》明确提出，要强化农村集体资产财务管理。

2020年11月4日，《农业农村部关于印发〈农村集体经济组织示范章程（试行）〉的通知》（农政改发〔2020〕5号）明确，集体资产包括成员集体所有的土地、森林、山岭、草原、荒地、滩涂等资源性资产；集体所有的用于经营的房屋、建筑物、机器设备、工具器具、农业基础设施、集体投资兴办的企业及其所持有的其他经济组织的资产份额、无形资产等经营性资产；集体所有的用于公共服务的教育、科技、文化、卫生、体育等方面的非经营性资产；接受政府拨款、减免税费、社会捐赠等形成的资产；依法属于成员集体所有的其他资产。

农政改发〔2020〕5号文件第三十一条提出，集体资产经营以效益为中心，统筹兼顾分配与积累，促进集体资产保值增值；理事会依照有关法律、法规、政策以及本章程规定的有关职权和程序，利用多种方式开展资产运营，发展壮大集体经济。

本制度结合前述相关文件规定，进一步明确了农村集体经济组织财务管理的主要内容，即合理筹措资金、完善资产管理、建立健全分配制度和激励约束机制、加强财务信息管理、完善财务监督、控制财务风险。以确保集体资产保值增值，促进农村地区经济发展。

【原文】　第四条　农村集体经济组织财务活动应当遵循以下原则：（一）民主管理。保障农村集体经济组织成员对财务活动和财务成果的知情权、参与权、表达权、监督权，实行民主管理和民主监督。（二）公开透明。财务活动情况及其有关账目，重大经济事项等应当向全体成员公开。（三）成员受益。保障全体成员享受农村集体经济发展成果。（四）支持公益。农村集体经济发展成果应当用于村级组织运转保障、农村公益事业。

【解读】　农村集体经济组织财务管理原则是基于农村集体经济组织财务管理目的和管理实践经验，用以指导集体经济组织管理财务活动、处理财务关系的行为准则，体现了农村集体经济组织财务管理规律性的基本要求。

2004 年 6 月 22 日，《中共中央办公厅 国务院办公厅关于健全和完善村务公开和民主管理制度的意见》（中办发〔2004〕17 号）提出，为了把党在农村的各项政策落到实处，切实解决好“三农”问题，必须进一步健全和完善村务公开和民主管理制度，扎实推进村务公开和民主管理工作。

农村集体经济组织要依据党的方针政策和国家的法律法规，组织建立集体收入管理、开支审批、财务公开、预算决算等财务制度。保障农村集体经济组织成员对财务活动和财务成果的知情权、参与权、表达权、监督权，是实行民主管理和民主监督的具体体现。

中办发〔2004〕17 号文件强调，要继续把财务公开作为村务公开的重点，所有收支必须逐项逐笔公布明细账目，让群众了解、监督村集体资产和财务收支情况。文件指出，各地农村应坚持实际、实用、实效的原则，在便于群众观看的地方设立固定的村务公开栏，同时还可以通过广播、电视、网络、“明白纸”、民主听证会等其他有效形式公开。一般的村务事项至少每季度公开一次，涉及农民利益的重大问题以及群众关心的事项要及时公开。集体财务往来较多的村，财务收支情况应每月公布一次。

《农业部 监察部关于印发〈农村集体经济组织财务公开规定〉的通知》（农经发〔2011〕13 号）要求，村集体经济组织实行财务公开制度。村集体经济组织应当将其财务活动情况及其有关账目，以便于群众理解和接受的形式如实向全体成员公开，接受成员监督。实行村级会计委托代理服务的，代理机构应当按规定及时提供相应的财务公开资料，并指导、帮助、督促村集体经济组织进行财务公开。村集体经济组织财务公开内容必须真实可靠。农经发〔2011〕13 号文明确了村集体经济组织财务公开的内容包括：财务计划、各项收入、各项支出、各项资产、各类资源、债权债务、收益分配、其他需要公开的事项。

实现共同富裕是当前中国经济社会发展的主要目标之一。习近平总书记指出，促进共同富裕，最艰巨最繁重的任务仍然在农村。在共同富裕之路上，要做到人人出力、人人受益，保障村集体经济组织全体成员享受农村集体经济发展成果无疑是实现共同富裕的一项重要内容。

在乡村振兴发展的大趋势和总要求指导下，通过经济发展实现村集体收益可以为村集体积累资金，解决村里资金周转难题。农村集体经济发展成果用于村级组织运转保障、农村公益事业，真正把收益用于为群众办实事、解难事，让群众真正享受发展成果，取得民生效益和经济效益双赢，充分调动和激发群众投身集体经济发展和支持公益的积极性，又形成“人人受益—人人公益—人人受益”的良性循环。

因此，本制度结合农村集体经济组织的组织结构、管理水平、经济发展和财政资金转移支付现状，把民主管理、公开透明、成员收益、支持公益做为农村集体经济组织财务管理的四大原则。

【原文】 第五条 农村集体经济组织的财务活动应当依法依规接受乡镇人民政府（包括街道办事处，下同）和农业农村部门、财政部门的监督指导，接受审计等相关部门的监督。

【解读】 财务监督是对财务活动合法性、效益性的监察和督导。近年来，农村集体经济不断发展壮大，农村集体收入不断增加，集体经济财务活动的审计监督成为社会关注的热点。

《中共中央办公厅 国务院办公厅关于健全和完善村务公开和民主管理制度的意见》（中办发〔2004〕17 号）提出，加强对农村集体财务的审计监督。县、乡两级农村集体资产和财务管理指导部门，要切实组织好对农村集体财务的审计监督工作。审计内容主要包括：集体资产的管理使用、财务预决算、财务收支、生产经营和建设项目的发包管理、集体的债权债务、上级划拨或接受社会捐赠的资金、物资使用等情况，以及群众要求审计的其他事项。当前，要加大对集体土地征用、集体企业改制、“村改居”和并村过程中集体资产的处置、村内“一事一议”筹资筹劳、新型农村合作医疗、政府发放到村到户的各项补贴资金和物资等事项的审计力度，并将审计结果及时公布。

农村集体经济组织财务工作主要由乡镇人民政府负责。各地集体经济组织财务管理制度都强调了乡镇政府在主管农村集体经济组织财务管理工作中的责任。

本制度明确了农村集体经济组织财务监督的外部主体，强调农村集体经济组织应当依法依规接受乡镇人民政府（包括街道办事处）和农业农村部门、财政部门的监督指导，接受审计等相关部门的监督，有助于农村集体经济财务活动良好运行，切实守护好群众利益，助力乡村振兴。

【原文】 第六条 建立健全农村集体经济组织负责人任期和离任审计制度，将新增债务作为重点审计内容。

【解读】 《中共中央办公厅 国务院办公厅关于健全和完善村务公开和民主管理制度的意见》（中办发〔2004〕17号）明确，村干部任期届满或离任时必须审计。在审计中查出侵占集体资产和资金、多吃多占、铺张浪费的，要责令其如数退赔；涉及国家工作人员及村干部违法违纪的，需要给予党纪政纪处分的，移交纪检监察机关处理；构成犯罪的，移交司法机关依法追究当事人的法律责任。2019年6月23日，中共中央办公厅、国务院办公厅印发《关于加强和改进乡村治理的指导意见》，要求加强农村集体经济组织审计监督。建立健全农村集体经济组织负责人任期和离任审计制度是农村基层干部监督管理工作的一个重要环节，是农村集体经济组织审计监督的一项重要内容，有利于强化农村财务管理的监督约束机制，进一步健全和完善财务公开和民主管理制度，保障集体资产安全。

2005年7月12日，国务院办公厅印发《关于坚决制止发生新的乡村债务有关问题的通知》（国办发〔2005〕39号）指出，化解乡村债务是农村工作的一项重要任务。坚决纠正经济管理活动中各种不规范行为，从源头上防止新的乡村债务发生。2006年10月18日国务院办公厅印发的《关于做好清理化解乡村债务工作的意见》（国办发〔2006〕86号），2005年10月10日农业部印发的《关于进一步加强村级债务管理坚决制止新增债务的通知》（农经发〔2005〕21号）都对农村集体债务问题给予了明确要求。从近年农业农村部进行的农村集体经济组织债务情况调查结果来看，个别地区农村集体经济组织债务明显偏高，优势资源占比较低，新的产业体系尚未形成，发展后劲严重不足。农村集体经济组织过高的债务负担将对农村集体经济的健康发展和基层社会稳定构成威胁。

根据国家审计署关于《经济责任审计工作要将乡镇和新农村建设作为审计重点》的要求，建立健全农村集体经济负责人任期和离任审计制度，加强对农村集体经济负责人任期和离任审计，对于促进基层党风廉政建设、巩固党在农村基层的执政地位，保护农村集体经济组织及其成员的合法权益具有重要意义；将新增债务作为重点审计内容，可以有效遏制发生新的村级债务，逐步化解以前形成的村级债务，促进农村经济健康发展和社会稳定。

因此，本制度将建立健全农村集体经济组织负责人任期和离任审计制度，与农村集体经济组织新增债务同时作为对农村集体经济组织的重点审计内容，是对前述文件的承继，对于防范农村集体经济组织债务风险、保障农村经济持续稳定发展十分重要。

第二章　财务管理主体及职责

【原文】　第七条　农村集体经济组织财务管理工作应当在农村基层党组织领导下，由成员（代表）大会、理事会、监事会和会计人员等按规定履行职责。农村集体经济组织应当依法依规配备专（兼）职会计人员，也可以根据实际需要实行委托代理记账。

重大财务事项决策参照执行“四议两公开”机制，并报乡镇党委、政府或农业农村部门审核或备案。

【解读】　财务管理活动的主要内容是理顺财务关系和管理财务活动。要理顺财务关系则必须首先厘清财务管理主体之间的关系。厘清财务管理主体关系的前提是明确财务主体的组织结构、管理流程、权责关系。

第一，农村集体经济组织财务管理工作必须坚持党的领导。习近平总书记在党的十九大报告中将“坚持党对一切工作的领导”置于新时代中国特色社会主义思想和基本方略的第一条，并强调“完善坚持党的领导的体制机制”。《中国共产党农村工作条例》第四条明确要求，坚持党对农村工作的全面领导，确保党在农村工作中总揽全局、协调各方，保证农村改革发展沿着正确的方向前进。农村集体经济组织作为农村地区经济发展的重要载体，其财务管理工作必须在农村基层党组织领导下，自觉维护党中央权威和集中统一领导，自觉在政治上、思想上和行动上同党中央保持高度一致。

第二，厘清财务主体是财务管理最重要的基本假设前提之一。《农村集体经济组织财务制度》参照《企业财务通则》，明确了农村集体经济内部财务管理主体。考虑到集体产权制度改革进程，财务制度要与集体产权制度改革相适应。为此，《农村集体经济组织财务制度》将内部财务管理主体界定为成员（代表）大会、理事会、监事会和会计人员等①。

第三，加强农村集体经济组织的会计核算工作，是完善农村集体财务管理规范化建设的基础性工作。2006 年 9 月 28 日，《中共中央办公厅 国务院办公厅关于加强农村基层党风廉政建设的意见》（中办发〔2006〕32 号）要求，在尊重农民群众意愿和民主权利的基础上，推行村级会计委托代理服务制度，有条件的地区可探索引入社会中介机构为村级财务管理服务。并在任务分工中进一步明确，由农业部门牵头规范和完善村级会计委托代理制度，为落实村务公开和农村基层党风廉政建设工作提供有力保障。为进一步规范和完善村级会计委托代理；2008 年 5 月 19 日，农业部下发《农业部关于进一步规范和完善村集体经济组织会计委托代理的意见》（农经发〔2008〕4 号），要求在尊重农民群众意愿和民主权利的基础上，推行村级会计委托代理服务制度，通过民主管理、民主监督、民主理财等方式加强集体资金管理，切实保护农民的物质利益和民主权利。《农村集体经济组织财务制度》充分考虑了我国农村地区财会人才队伍、经济发展水平、改革进程等基本情况和发展阶段差异较大，为兼顾各地实际情况，明确了集体经济组织应当依法依规配备专（兼）职会计人员，也可以根据实际需要实行委托代理记账。

第四，科学合理公开的决策程序，是保障农村集体财务管理活动公开、民主的基础。所谓“四议两公开”，即村党组织提议、村“两委”会议商议、党员大会审议、村民会议或者村民代表会议决议；决议公开、实施结果公开。2004 年 6 月 22 日，中共中央办公厅、国务院办公厅联合下发《关于健全和完善村务公开和民主管理制度的意见》（中办发〔2004〕17 号）明确要求，进一步健全村务

① 《〈农村集体经济组织财务制度（征求意见稿）〉起草说明》

公开制度，保障农民群众的知情权；进一步规范民主决策机制，保障农民群众的决策权；进一步完善民主管理制度，保障农民群众的参与权；进一步强化村务管理的监督制约机制，保障农民群众的监督权等。2019 年 6 月 23 日，中共中央办公厅、国务院办公厅印发《关于加强和改进乡村治理的指导意见》，再次强调健全村级重要事项、重大问题由村党组织研究讨论机制，全面落实“四议两公开”。

本制度在明确农村集体经济组织内部财务管理主体、财务管理流程的同时；还要求报乡镇党委、政府或农业农村部门审核或备案，有助于乡镇党委、政府或农业农村部门加强对农村集体经济组织重大财务决策事项的监督检查和具体指导。

【案例 2－1】 北京市进一步加强村级会计委托代理服务工作的相关制度规定。

关于进一步加强北京市村级会计委托代理服务工作的实施意见

（京财会〔2010〕500 号）

近年来，北京市各区县普遍推行了村级会计委托代理服务工作，有效地解决了农村集体财务管理混乱、集体资产流失等问题，减少了因农村集体财务管理不规范引发的矛盾纠纷，维护了农村经济社会的稳定。根据《中纪委 财政部 农业部 民政部印发关于进一步加强村级会计委托代理服务工作指导意见的通知》（财会〔2010〕4 号）的文件精神，为进一步规范和完善北京市村级会计委托代理服务工作，现提出如下实施意见：

一、坚持推进会计委托代理服务的工作模式

规范乡村财务管理工作是加强农村基层党风廉政建设的重要内容，是改进农村基层干部作风、维护农民群众切身利益的重要举措。近年来，随着农村集体财务管理规范化建设的推进，各区县立足实际、积极探索、扎实工作，开展了村级委托代理服务工作，实现了村集体经济的财务决策民主化、财务状况公开化、财务监督制度化。其中，建立乡镇会计委托代理服务中心和引入社会中介机构为村级财务管理服务都是规范村级财务工作的重要手段。现阶段，两种管理模式在不同领域、不同地区取得了明显成效，都发挥着不可替代的作用。随着城镇化改革的推进，北京市应坚持管理模式的多元化，坚持并推进村级委托代理服务工作不断发展。

二、实行村级会计委托代理的基本原则

必须坚持依法开展原则。村级会计委托代理服务工作必须符合《村民委员会组织法》《会计法》和其他有关文件规定，严格遵循村民自治、村务公开、民主决策、民主管理、民主监督的原则。

必须坚持民主自愿原则。实行村级会计委托代理必须尊重村民群众意愿和民主权利，由村民会议或村民代表会议讨论通过后，在村集体与代理机构相互协商的基础上，订立书面委托协议方可施行。不得强制施行村级会计委托代理。

必须坚持“四权不变”原则。实行村级会计委托代理必须保持集体资产所有权、使用权、审批权和收益权不变，保持财务审批权以及经济活动的监督权仍由村集体行使，不得侵占、平调、挪用集体资产，不得改变集体资金性质，不得侵犯村集体合法权益。

必须坚持独立核算原则。实行村级会计委托代理必须坚持原财务独立核算的主体不变，要以村建账，单独核算，保持村级财务的独立与完整。

三、加强村级会计委托代理服务相关制度建设

在具体实施村级会计委托代理服务工作的过程中，纪检、财政、农业、民政等部门应加强有关制度的研究和制定工作，逐步建立健全相关配套制度，确保村级会计委托代理工作的正常运行。一是健全代理服务的各项日常管理规章制度，包括：健全村级财务预决算制度，增强财务收支的计划性；建立健全村内事务管理制度，制定村干部报酬、误工补贴、出差、用车、通信等各项标准；建立健全财务开支审批制度，日常开支实行备用金制度。二是加强对农村票据的管理，积极完善相关制度，加大对票据使用的监管，严格

规范票据的领取、保管、使用、核销等行为。三是积极探索会计师事务所、代理记账机构等中介机构会计委托代理服务模式下的制度要求和管理规范，确保工作顺利有效开展。四是建立健全北京市农村会计电算化管理办法，利用现代化信息手段提高工作效率和信息披露质量。五是建立健全会计档案管理制度，乡镇要建立村级财务档案室，一村一柜，对村级财务资料统一建档管理。六是建立健全民主监督制度，定期开展理财活动，及时进行财务公布，广泛实行民主监督。

四、严格履行民主程序，加强内部控制管理

实施村级会计委托代理必须经过村民会议或村民代表会议讨论通过，会议记录要以永久档案形式保存，形成的书面决议由村集体和委托代理机构各留存一份备案。在此基础上，由村集体与委托代理机构签订书面委托协议，明确各自的权利、义务及责任，双方各保留一份。已经实行村级会计委托代理的机构，没有履行民主程序或记录、决议不完善的，要按照上述要求进一步完善，没有履行委托手续的要及时补办。

实行村级财务与资金“双委托”管理的乡镇，要全部以村为单位开设账户，预留印鉴要由乡镇、村两级分别管理，代理机构和村集体必须同时加盖各自印鉴后方可在开户行取款转款，确保集体资金使用的安全和公正。以乡镇为单位开设总账户的，必须按上述要求进行纠正。

具备条件的地方，提倡推行“专储账户”管理制度；认真总结社会中介机构为村级财务管理服务试点经验，逐步扩大试点范围。乡镇会计委托代理服务中心的办公经费由区县、乡镇财政统筹解决，不得向村集体收取托管费用。

五、建立健全村级会计委托代理服务业务流程

各委托代理机构要建立健全村级会计委托代理业务流程，必须科学设置岗位，明确各环节、各岗位的分工和职责，实现权责一致、相互监督。业务流程的主要内容包括：村集体办理经济业务取

得原始凭证后，应当履行经手人注明用途并签字盖章程序、村集体主管财务领导审核同意并签字盖章程序、村民民主理财小组审核同意并签字盖章程序、委托代理机构会计人员审核后记账程序等。对委托代理机构退回的不符合有关财务会计制度规定的原始凭证，村财务专管员要及时予以更正、补充。同时，委托代理机构和村集体要按照财务公开的程序，定期进行财务公开，接受群众监督。

六、加强对村级会计委托代理工作的指导、监督和检查

各区县政府要高度重视村级会计委托代理服务工作，应坚持审计监督制度。各级财政部门负责对开展村级会计委托服务中介机构的业务指导、管理；农村经管部门负责对乡镇会计委托代理服务中心的业务指导、管理，加强对代理服务机构会计基础工作、会计档案管理、机构日常管理等工作的考核力度；要定期组织对代理机构工作人员和村财务专管员进行业务培训，对新任用的代理机构工作人员和村财务专管员进行相应的岗前培训。代理服务机构应主动接受上级部门及有关单位实施的审计监督，开展村级会计委托代理服务的中介机构还应每年定期向财政部门报备。纪检部门、财政部门、民政部门、农村经管部门要建立工作联动机制，对代理机构和村级财务进行定期或不定期检查，发现问题，及时纠正；要充分发挥村务公开监督小组的作用，切实保障村民群众的知情权、参与权和监督权，对村民群众提出的要求和反映的问题要认真对待，妥善处理，切实维护村集体及其村民群众的利益。

七、进一步加强村级会计委托代理机构和会计队伍建设

一是实行村级会计委托代理并建立农村会计服务中心的乡镇，要保障代理服务机构的办公地点和办公条件，与聘用的工作人员要签订录用合同，规范管理，依法接受村集体的委托开展村级会计代理服务工作。二是代理服务机构可根据日常工作量设置专职会计人数，专职会计可以从本乡镇现有会计人员中择优录用，也可以向社会公开招聘。专职会计必须取得财政部门颁发的会计从业资格证书，持证上岗；机构负责人还应具备助理会计师以上专业技术资格

并且从事会计工作3年以上经历。三是开展村级委托代理服务的中介机构应持有北京市财政部门颁发的代理记账许可证书或者北京市财政局颁发的会计师事务所执业证书。四是实行村级会计委托代理的村设立村级财务专管员（报账员），负责村货币资金收支等财务工作。村财务专管员要在广泛征求村民群众意见的基础上，由村"两委"、村集体经济组织研究，提出建议人选，提交村民会议或村民代表会议讨论通过，方可使用，并报代理服务机构备案，村"两委"及集体经济组织主要负责人的直系亲属不得在财务管理重要岗位上工作。财务管理人员在经业务培训、考核合格，具备相应的政策水平和报账业务技能后，方可上岗；对各村原有会计人员，符合财务专管员条件的可优先任用。

【原文】 **第八条 成员（代表）大会的财务管理职责主要包括：**

（一）审议、决定本集体经济组织内部财务管理制度、年度财务计划、重大财务收支事项、年度收益分配方案等；

（二）审议、决定本集体经济组织资金筹集、资产资源发包租赁、对外投资、资产处置等事项；

（三）审议、决定本集体经济组织主要经营管理人员薪酬，并对其实施监督和考核；

（四）对理事会和监事会年度财务管理、监督工作提出质询和改进意见；

（五）其他需要成员（代表）大会决定的重大财务事项。

【解读】 科学合理的财务管理权责是理顺财务管理关系和开展财务管理活动的保障。

为理顺农村集体资产产权关系，维护农村集体经济组织及其成员的利益，发挥农村集体经济在全面建设小康社会中的作用，2003年12月4日，农业部、民政部、财政部、审计署联合下发《关于推动农村集体财务管理和监督经常化规范化制度化的意见》（农经发〔2003〕11号）明确，农村各集体经济组织的成员大会或成员代表大会是决定该集体经济组织重大财务活动和财务事项的最高权力机构。凡关系集体经济组织各成员切身利益的事项，如集体土地征用、变卖、出租，集体企业改制，干部报酬，大额举债，大、中型固定资产的变卖和报废处理，“一事一议”筹资筹劳等重大事项，都必须经农村集体经济组织成员大会或成员代表大会讨论决定。

此后，为规范农村集体资产管理权责，各地出台的有关文件对农村集体经济组织成员大会（代表）大会的权责都进行了明确。如《北京市农村集体资产管理条例》第二十一条规定：下列事项必须经同级社员大会或者社员代表大会讨论通过：（一）乡联社、村合作社年度财务预算、决算；（二）集体资产经营方式的确定和重大变更；（三）重大项目投资；（四）年度收益分配方案；（五）主要资产处置和其他重大事项。《上海市农村集体资产监督管理条例》第十五条规定：成员大会是经济合作社的权力机构，可以就下列事项作出决定：（一）制定和修改章程；（二）选举和罢免理事会、监事会成员；（三）审议理事会、监事会工作报告；（四）合并、分立以及因其他事由解散的实施方案；（五）农村集体资产发展规划、经营方式、重要规章制度、重大投资项目；（六）年度财务收支预算、决算和收益分配方案；（七）成员的增减；（八）法律、法规和章程规定的其他事项。

本制度结合各地实际情况进行了综合归纳汇总，对成员（代表）大会的财务管理职责进行了明确。

【案例2－2】北京市海淀区为加强农村集体资产管理的具体要求。

北京市海淀区人民政府关于海淀区农村集体资产管理的意见

（海政发〔2012〕22号）

各有关单位：

为深入贯彻党在农村的方针政策，推动农村集体经济持续健康发展，完善农村集体资产管理体制，建立健全集体资产管理机构，形成决策民主、执行有力、监督有效、运转顺畅的工作机制，根据《农业部关于进一步加强农村集体资金资产资源管理指导的意见》《北京市农村集体资产管理条例》等法规政策的基本精神，针对我区农村集体经济发展实际，提出本意见。

一、健全管理机构，明确工作职责

区农委负责指导和监督全区各级农村集体经济组织的资产管理工作，日常管理工作由区农经站负责。各镇农村集体资产管理部门对本镇的集体资产管理工作进行具体指导和监督。

农村集体经济组织是农村集体资产管理主体，依法实行成员大会或成员代表大会（含社员大会或社员代表大会、股东大会或股东代表大会，以下统称成员代表大会）制度，在上级主管部门的指导和监督下，按照本组织的章程运行。成员代表大会是集体经济组织的最高决策机构。其选举产生的管理委员会（董事会），依法行使集体资产所有权，负责集体资产的经营管理工作。

管理委员会（董事会）是集体经济组织成员代表大会的执行机构，在成员代表大会闭会期间负责处理集体经济组织的日常事务，对成员代表大会负责。管理委员会（董事会）成员人选可由成员代表、同级党组织或上级集体资产管理部门提名，经上级党组织（或委托本级党组织）考察后，提交成员代表大会选举产生。管理委员会主任（董事长）是集体经济组织法定代表人，其人选由上级党组织提名，由成员代表大会或管理委员会（董事会）选举产生。

集体经济组织成员代表大会选举产生的监察委员会（监事会），负责对集体经济组织的经营情况、履行民主程序情况、执行章程和成员代表大会决议情况等进行监督。

集体经济组织设立总经理。总经理人选可由管理委员会（董事会）提名，报上级党组织考察后确定。管理委员会（董事会）对总经理实行聘任制，聘期与成员代表大会、管理委员会（董事会）任期一致。实行总经理办公会议制度。

镇级集体经济组织的管理委员会主任（董事长）和总经理应当分设。

集体经济组织对下属企业经理人员的选聘工作，要坚持公开公正、择优录用的原则，依法与选聘的经理人员签订聘任合同，对任职期间不按规定履行职责或考核不合格的，依照有关规定及合同约定予以解聘。

二、完善各项制度，落实规范管理

在集体资产管理中，重点建立健全以下制度：

（一）民主管理制度。集体经济组织必须坚持成员代表大会制度，每年至少召开两次成员代表大会，听取管理委员会（董事会）和监察委员会（监事会）的工作报告，对重大问题做出决策。下列事项必须经由成员代表大会决定：

1. 集体经济组织经济发展规划；
2. 集体资产经营方式的确定和重大变更；
3. 重要资产处置、经济体制改革方案；
4. 集体土地承包租赁方案；
5. 年度财务预算和决算；
6. 年度收益分配方案；
7. 重要经济合同的签订；
8. 大额非生产性开支、重大项目投资和举债；
9. 处理大额呆坏账；
10. 其他重大事项。

以上所述“重大”“重要”“大额”的具体标准，由集体经济组织根据实际情况，在综合考虑资金数额及其占资产总量的比例等因素基础上制定，并报上级集体资产管理部门备案。

对于制定经济发展规划实施方案和年度经营计划、确定经营方针和管理机构设置方案、批准下属企业的规章制度、提名拟聘任经理人员和财务主管人选等事项，由管理委员会（董事会）集体讨论决定。

对于财务预算和决算、收益分配方案、专项资金的提取和使用、土地承包合同和其他经济合同的执行情况等事项，由监察委员会（监事会）进行重点监督。

集体经济组织的资产运行情况，包括财务收支情况、资产增减变化情况、群众关心的热点问题等，至少每半年要向成员公开一次，可通过向成员代表大会报告、设立公开栏等形式，接受成员监督。

（二）经营管理制度。集体经济组织要把集体资产的保值增值作为经营的基本目标。资产经营方式，可以直接经营，也可采取承包、租赁、参股、联营等经营方式。集体经济组织及其下属单位在与其他单位或个人发生承包、租赁、参股、联营等行为时，应当依法签订经济合同。

集体资产实行承包经营或租赁经营的，按照市场情况合理确定承包款或租金，公开、公平、公正地确定承包人或承租人。在同等条件下，本集体经济组织成员享有优先承包或承租的权利。

集体经济组织要完善劳动用工、社会保障、薪酬福利等制度。经理人员薪酬应与经营效益、职工收入等因素相联系，可采用年薪制或任期薪酬制。集体经济组织管理委员会（董事会）、监察委员会（监事会）、经理班子成员及财务主管的薪酬方案须经成员代表大会通过，并报上级集体资产管理部门备案。

（三）合同管理制度。集体经济组织要根据相关的法律、法规和政策制定集体经济合同管理办法，明确订立集体经济合同的必备程序，从经济合同的履行、变更和解除、争议和纠纷处理、监督等各环节入手防范风险。签订经济合同应依法采取书面形式，不得订立口头协议。各镇要依据《合同法》的相关规定和各自实际情况，针对常见经济事项分别制订指导性示范文本。经济合同的内容应按规定对成员公开，接受成员监督。区、镇集体资产管理部门定期对农村集体经济合同管理工作进行检查。

农村土地承包合同按照《中华人民共和国农村土地承包法》的

有关规定进行管理。

（四）财务与会计制度。集体经济组织要建立健全财务与会计制度。规范资产、负债、权益、收入和成本费用的核算方法，真实反映各项经济活动。年初应当编制全年资金预算方案，年终应当及时进行决算。进一步完善村账托管制度和财务公开制度，坚持民主理财制度，推广实施会计电算化。财会人员实行持证上岗、择优聘用，坚持会计、出纳分设制度和财会人员回避制度。镇集体资产管理部门要制定对财会人员的年度考核办法并组织实施；考核不合格的可建议集体经济组织依法予以解聘。

（五）资产报告制度。集体资产管理实行季度报告制度，主要内容为资产报表和资产情况分析报告。集体经济组织每季度将集体资产情况上报镇集体资产管理部门，镇集体资产管理部门在每季度结束后 10 个工作日内将该季度镇级集体资产情况和镇、村汇总情况上报区农经站。

（六）流转评估制度。集体资产可依法通过拍卖、出售、转让、兼并、股份经营、联营等形式合理流转。发生所有权转移的集体资产达到大额标准时须进行资产评估，并以评估价值作为确定所有权转让价格的参考依据。评估结果要经集体经济组织成员代表大会确认，并报上级集体资产管理部门备案。

（七）审计制度。区农经站、镇集体资产管理部门要对集体经济组织财务预算和决算、资金的使用和收益分配进行定期审计，对群众反映强烈的集体资金、资产、资源问题进行重点审计，对集体资产和资源的运营进行专项审计。区农经站对镇级集体经济组织、镇集体资产管理部门对村级集体经济组织、集体经济组织对下属单位每年至少审计一次。

（八）资产登记及年检制度。集体经济组织实行集体资产产权登记及年检制度。集体经济组织应做好清产核资和产权界定工作，将全部资产纳入登记范围。农村集体建设用地以及发生农村集体建设用地使用权出让事项等要重点记录。区农经站负责镇级集体资产产权登记和年检工作，镇集体资产管理部门负责村级集体资产产权登记和年检工作。

（九）档案管理制度。集体经济组织建立健全档案管理制度，明确档案管理人员。合同、决议、财务资料、法律文书等应按照有关规定立卷归档，任何人不得私自占有或隐匿。承办人员要定期向本单位档案管理人员移交相关材料，集中管理，确保档案的完整与安全。

（十）责任追究制度。集体资产管理部门查出侵占集体资金和资产问题的，应当责成责任人将侵占的集体资金和资产如数退还集体经济组织；构成违纪的，移交纪检监察部门处理；构成犯罪的，依法移送司法机关追究刑事责任。

三、抓住重点方面，把好关键环节

农村集体资产管理除涉及集体经济组织的账面资产外，还包括暂时不能纳入账内核算的资产，以及土地等资源性资产。根据我区实际，加强农村集体资产管理要重点抓好以下几个方面的工作：

一是集体经济组织所有的征地补偿费实行专户管理，严格按照规定范围和程序使用；

二是固定资产定期盘点，设立台账，即时反映固定资产购入、使用及结存情况；

三是不得举债用于非生产性支出，不得违反规定将集体资金出借给他人使用；

四是积极催收债权，对确实无法收回的款项，经镇集体资产管理部门审核、成员代表大会同意核销的应及时处理，并做好详尽的备查登记；

五是土地等资源性资产，要建立台账，明确其所有权、使用权和收益权；

六是暂时不能纳入账内核算的资产，要设立台账进行管理；

七是对产权不明晰的资产，要通过有效方式，尽快落实其所有权。

当前及今后一段时期，农村集体经济产权制度改革是做好集体资产管理、保障集体经济组织成员权益的核心工作。集体经济组织在改革中要抓好以下环节：

一是做好清产核资工作，客观、公正、全面、真实地反映集体资产实存情况；

二是界定集体经济组织成员身份，明确成员和相关利益主体依法享有的权益；

三是处理好应由本集体经济组织解决的历史遗留问题及其他社会问题，或留足相关费用；

四是做好集体资产处置工作，合理量化资产份额；

五是明确资产收益分配方案，保证股东应当享有的资产收益权。

集体经济组织产权制度改革方案须经上级集体资产管理部门批准，章程的制定与修改须经上级主管部门审核，并严格履行集体经济组织内部的民主决策程序。通过产权制度改革建立的新型集体经济组织是农村集体经济新的实现形式，要自觉接受政府集体资产管理部门的指导和监督。

四、提高认识程度，加强组织领导

农村集体资产是发展农村经济和实现共同富裕的重要物质基础。管好用好集体资产对于促进农村经济发展、增强集体经济实力、增加农民收入、缩小城乡收入差距和保持农村社会稳定，都具有十分重要的意义。区农村集体资产管理部门和各镇要从推进城乡一体化进程、维护社会和谐的高度，充分认识加强集体资产管理的重要性、紧迫性，切实做好相关工作，建立产权清晰、权责明确、管理科学的运行机制，有效促进农村经济发展，让农民共享社会经济发展成果，促进社会公平，达到共同富裕。

集体资产管理工作涵盖面广、政策性强，随着资产规模的日益壮大，面临的任务也更加艰巨。各镇要加强对农村集体资产管理工作的领导，建立由镇主管领导牵头、相关部门参加的集体资产管理领导机制，对本镇的集体资产管理工作进行协调指导。

各镇要根据本意见精神，结合自身实际情况，制定具体实施办法。

【原文】 第九条 理事会的财务管理职责主要包括：

（一）起草、执行本集体经济组织内部财务管理制度、年度财务计划、年度收益分配方案等；

（二）实施本集体经济组织资金筹集、资产资源发包租赁、对外投资、资产处置等经营活动，签订经济合同并督促合同履行；

（三）提出本集体经济组织主要经营管理人员薪酬的建议，决定其他工作人员薪酬；

（四）向成员（代表）大会报告年度财务执行情况；

（五）执行本集体经济组织章程规定及成员（代表）大会决定的其他财务事项。

【解读】 为理顺农村集体资产产权关系，维护农村集体经济组织及其成员的利益，发挥农村集体经济在全面建设小康社会中的作用，2003 年 12 月 4 日，农业部、民政部、财政部、审计署联合下发《关于推动农村集体财务管理和监督经常化规范化制度化的意见》（农经发〔2003〕11 号）。此后，各地陆续颁布的农村集体资产（监督）管理条例对农村集体经济组织的组织机构进行了明确。如《上海市农村集体资产监督管理条例》（上海市人民代表大会常务委员会公告第 59 号）第十三条规定，经济合作社的组织机构由成员大会、理事会、监事会组成，并在第十七条对理事会的职责进行了明确规定①。

---

① 《上海市农村集体资产监督管理条例》第十七条 理事会是经济合作社的管理机构，依照章程规定履行下列职责：（一）召集成员大会或者成员代表会议；（二）执行成员大会或者成员代表会议的决议；（三）制定并执行农村集体资产管理的规章制度；（四）制订年度财务收支预算、决算和收益分配方案草案；（五）负责农村集体资产的经营和日常管理工作；（六）向成员大会或者成员代表会议作工作报告；（七）法律、法规和章程规定的其他职责。

本制度结合各地实际情况，从财务管理的角度，对理事会的管理职责进行了明确，为理事会的财务管理活动厘清了管理边界，有利于理事会按规定履行权利和承担责任。

从具体实践来看，农村集体经济组织民主管理的组织形式包括管理委员会、理事会等。

【原文】　**第十条　监事会的财务管理职责主要包括：**

（一）监督农村集体经济组织财务活动，组织开展民主理财；

（二）监督理事会、主要经营管理人员和会计人员履职行为，对损害本集体经济组织利益，违反法律、法规、行政规章、组织章程或者成员（代表）大会决议的财务行为提出质询和改进建议，对理事、主要经营管理人员和会计人员提出罢免或解聘建议；

（三）协助地方政府及有关部门做好对农村集体经济组织的审计监督工作；

（四）向成员（代表）大会报告年度财务监督情况；

（五）执行本集体经济组织章程规定及成员（代表）大会决定的其他财务监督事项。

【解读】　为贯彻落实中共中央办公厅、国务院办公厅《关于加强农村基层党风廉政建设的意见》（中办发〔2006〕32号）精神，按照中央纪委《关于贯彻落实〈关于加强农村基层党风廉政建设的意见〉的任务分工意见》（中纪发〔2006〕30号）的要求和《农业部关于贯彻落实〈中共中央办公厅 国务院办公厅关于加强农村基层党风廉政建设的意见〉工作方案》的安排，保障农民群众依法行使民主权利，切实维护农民的知情权、参与权、决策权、监督权，农业部办公厅下发了《关于加强村集体经济组织民主理财民主监督的意见》（农经办发〔2007〕19号），明确民主理财民主监督重点包括：村集体经济组织各项财务制度执行情况；财务预算及其执行情况；经济活动监督检查及财务公开执行情况；财务收支的审核；集体资产的处置；财务账目的查阅；收益分配方案的审查；其他账务事项。《上海市农村集体资产监督管理条例》（上海市人民代表大会常务委员会公告第59号）第十八条明确规定：监事会是经济合作社的监督机构，依照章程规定履行下列职责：（一）检查经济合作社财务；（二）监督理事、主要管理人员执行职务的行为，对违反法律、法规、章程以及成员大会或者成员代表会议决议的理事、主要管理人员提出罢免建议；（三）纠正理事、主要管理人员损害经济合作社利益的行为；（四）提议召开成员大会或者成员代表会议，在理事会不召集会议时自行召集会议；（五）向成员大会或者成员代表会议提出提案；（六）法律、法规和章程规定的其他职责。

本制度综合统筹各地财务管理的实际情况，对监事会的财务管理职责进行了明确，为监事会依法依规履行财务管理职责奠定了基础。

从具体实践来看，民主监督组织形式包括民主理财监督小组、资产监督管理委员会、监事会等不同形式。

【案例2－3】 ××乡集体资产监督管理委员会工作方案。

关于规范××乡集体资产监督管理委员会运行机制的意见

根据××乡人民政府《关于加强农村集体资金资产资源管理工作的意见》（××××〔××〕号）、××乡农村集体资金资产资源管理工作领导小组关于印发《××区组建乡级集体资产监督管理委员会工作方案的通知》（××××〔××〕号）等相关文件精神，我乡于2013年印发了《××乡组建乡集体资产监督管理委员会工作方案》（××××〔××〕号），2017年正式印发《关于规范××乡集体资产监督管理委员会运行机制的意见》（××××〔××〕号）。为适应我乡“一绿”试点建设和集体经济发展的新形势、新要求，进一步加强集体资金资产资源（以下简称集体“三资”）管理，健全集体资产监督管理机构设置、规范运行机制，现进一步完善意见，具体如下：

一、主要任务

以维护集体经济组织及其成员合法权益为核心，以全面提高集体“三资”管理水平为目标，通过健全制度、强化监督、加强服务，进一步建立健全主体明确、职责清晰、管理科学、运作规范、监督到位的集体“三资”监督管理机制，确保集体资金安全完整、资产保值增值和资源合理利用。

二、机构设置及主要职责

（一）机构设置

在乡党委、政府的领导下，组建乡集体资产监督管理委员会（以下简称“委员会”）。乡集体资产监督管理委员会主任由乡党委书记、乡长担任，成员由处级领导及相关科室负责人组成。

乡集体资产监督管理委员会设置事务委员会、委员会办公室和四个工作组（“三资”监管工作组、合同监管工作组、项目监管工作组、审计监管工作组）。

（二）工作职责

1. 乡集体资产监督管理委员会主要职责：负责日常“三资”管理重大决策工作。

(1) 负责监督指导乡村两级健全集体经济组织，完善社员代表大会制度，巩固集体经济组织的经济主体地位。

(2) 负责研究制订本乡集体经济发展规划和年度计划。指导乡村集体经济组织及所属单位制订经济发展计划，审议其年度财务预算方案。

(3) 负责研究制订本乡集体“三资”管理办法，指导乡村集体经济组织及所属单位制定集体经济管理各项规章制度，监督执行情况。

(4) 负责宣传贯彻中央、市、区农村集体经济管理法律法规及相关政策，监督检查集体经济组织及所属单位贯彻执行情况。

(5) 负责指导、监督乡村集体经济组织及所属单位重大资金、专项资金、重大资产投资、订立经济合同、集体资产处置等重要经济事项的管理。

（6）负责指导乡村集体经济组织及所属单位健全风险防范机制，对乡村集体经济组织及所属单位开展内部审计。

（7）研究制订本乡劳动力就业安置、社会保障等经济政策。

（8）负责指导乡村集体经济产权制度改革及其他重要集体经济事项。

（9）对××万元以上集体经济事项进行审议、决策。

（10）委员会会议形成的会议纪要由党委书记签发。

2. 事务委员会主要职责

（1）对××万元至××万元（含）的集体经济事项进行审议、决策。

（2）事务委员会会议形成的会议纪要由乡长签发。

3. 办公室及四个工作组主要职责

（1）委员会办公室。负责起草委员会年度工作计划、集体“三资”管理的工作方案、报告及各项公文；起草集体“三资”管理的相关办法，督察督办执行情况；负责委员会会议会务、议定事项督办、档案收集整理等工作。

（2）“三资”监管工作组。指导、监督、检查乡村两级集体经济组织及其所属企业执行财经法律法规政策、规范财务管理情况。指导乡村两级集体经济组织及其所属企业制定财务管理规章制度及规范流程，监督、检查执行情况。梳理各单位上报的年度财务收支预算、大额资金支出事项等相关材料，提出初审意见，并报请委员会会议研究。监督、检查乡村两级集体经济组织及其所属企业执行资产管理法律法规政策情况。指导乡村两级集体经济组织及其所属企业制定集体资产管理规章制度及规范流程，监督、检查执行情况，对各单位上报的大额集体资产处置事项提出初审意见，并报请委员会会议研究。指导、监督、检查乡村两级集体经济组织及其所属企业资产管理和运营工作。指导、监督乡村集体经济组织开展清产核资、产权界定、资产评估等工作。

（3）合同监管工作组。监督、检查乡村两级集体经济组织及其所属企业组织执行合同管理法律法规政策情况。指导乡村两级集体经济组织及其所属企业制定合同管理规章制度及规范流程，监督、检查执行情况。掌握乡村两级集体经济组织及其所属企业拟订立经济合同情况，对拟订立的经济合同进行预审，提出预审意见，做好审核情况的详细记录，并报请委员会会议研究。监督、检查乡村两级集体经济组织及其所属企业合同签订、审核、备案、履行、调整、变更、解除、终止等工作。负责规范经济合同管理，调处经济合同纠纷。

（4）项目监管工作组。贯彻执行本乡经济发展和产业发展规划，负责制订本乡集体项目管理相关规定，监督、检查执行情况。负责指导、监督、检查产业项目建设、升级改造、招商引资等工作。定期梳理上报产业项目进展情况。负责指导、监督工程建设项目安全、质量、进度、成本及绩效评价。梳理各单位、部门上报的大额工程、开发项目预算、服务类项目预算、实施方案、大额资金支出等相关材料，提出初审意见，并报请委员会会议研究。

（5）审计监管工作组。监督、检查乡村两级集体经济组织及其所属企业执行审计监督法律法规政策情况。指导乡村两级集体经济组织及其所属企业制定审计监督规章制度及规范流程，监督、检查执行情况。依法对乡村两级集体经济组织及其所属企业财务收支、经营成果、经济责任等进行审计，监督、检查审计整改情况，指导其建立健全经济运行风险防范机制。依法组织开展村干部经济责任审计。负责集体经济事项事前评审、事中监控、事后监督检查。

（四）监督范围

在委员会的监督指导下，乡合作经济联合社、乡级企业负责乡级集体资产的经营管理；各村经济合作社负责村级集体资产的经营管理。乡级层面，监督范围是乡合作经济联合社及所属乡级企业，以及因重点项目建设成立的其他涉及乡级集体“三资”的企业。村级层面，监督范围是各村经济合作社及所属企业。

三、议事规则

（一）议事内容

1. 中央、市、区相关经济政策和部署经济任务的执行情况。

2. 本乡集体经济发展规划和年度计划及重要经济事项的执行情况。

3. 审议乡村集体经济组织及所属单位年度预算。

4. 审议本乡重大资金、专项资金、重大集体资产投资、重要经济合同签订、重点项目建设、重要经济事项招投标、大额资产处置等重要经济事项。

5. 审核集体经济组织收益分配方案、产权制度改革方案、资产评估结果等。

6. 集体经济组织及其所属单位负责人的推荐，对负责人履职情况进行监督、考核。

7. 需要研究的其他经济事项。

（二）议事标准

1. 集体资金管理。乡级直属单位每年年初上报本单位年度正常运转资金预算，经“三资”监管工作组初审，上报委员会研究通过后执行。年度正常运转资金预算外的大额资金支出，单笔在××万元（含）以下的，履行内部民主程序后，由单位负责人审批；××万元以上至×××万元（含）的，履行“三重一大”民主决策程序后，相关材料报资产监督管理委员会办公室备案；×××万元以上至×××万元（含）的，由申请单位领导班子集体研究通过，并经“三资”监管工作组初审，报事务委员会审议；×××万元以上的，由申请单位领导班子集体研究通过，并经“三资”监管工作组初审，报委员会会议审议。各村于每年年初结合上年度收支情况及本年度重点工作，上报年度收支预算，经“三资”监管工作组初审，根据初审意见修改完善，上报委员会研究通过后，根据批复意见及《××乡村级大额资金支出监督管理制度（试行)》落实执行。预算外支出（无预算支出、超预算支出）应报委员会进行预算追加或调整。

2. 大额固定资产处置。乡村集体经济组织及直属单位固定资产的处置，资产原值在××万元至××万元（含）的，要落实单位内部民主决策，附变卖或报废资产明细及会议决议作为必要附件；××万元以上的，要附变卖或报废资产明细，经“三资”监管工作组初审后，上报委员会审议通过后处置。

3. 合同签订审核。乡村集体经济组织及直属单位签订各类资源、资产出租、合作等合同，申请单位按市、区合同规范要求拟定合同草案，履行内部民主决策程序，提交合同监管工作组初审后，上报委员会审议。

4. 项目性支出。由乡级落实的工程项目，总体预算××万元（含）以下的，经分管领导在事务委员会会议上通报后实施；××万元以上至××万元（含）的工程项目，将建设施工方案、工程合同条款及总预算等材料，报项目监管工作组初审后，经事务委员会审议通过后实施；××万元以上的工程项目，将建设施工方案、工程合同条款及总预算等材料，报项目监管工作组初审后，经委员会审议通过后实施。工程中涉及的重要设备、材料、服务等采购项目达到国家、市、区招投标要求的，建设单位严格按相关规定履行招投标程序。工程建设启动后，预算总额内的材料购置、服务购买、分包工程等凡单项在××万元（含）以下的，经分管领导在事务委员会会议上通报后落实支付；××万元以上至××万元（含）的，支出前填报“工程项目资金使用计划表”，经事务委员会审议通过后落实支付；××万元以上的，支出前填报“工程项目资金使用计划表”，经委员会审议通过后落实支付。预算外支出、洽商事项、重大变更等需对超出预算或变更部分逐项落实申报审批程序。农民新村建设、产业项目、征地拆迁、重大投资等乡属重大项目，须在实施前将总体预算方案、开发建设方案、项目管理办法、资金使用结算方式等经项目监管工作组初审后，上报委员会审议。项目开发过程中的重大决策、大额招标采购、重要合同签订、洽商事项、重大变更、重要节点等事项落实前上报委员会审议。项目实施过程中，定期向委员会汇报项目进度、资金使用等相关情况。村级项目性大额资金支出××万元以上至××万元（含）的，实施前，须经村“两委一社”班子成员研究、履行决策程序，经项目监管工作组初审通过后，报事务委员会审议。××万元以上的，实施前，须经村“两委一社”班子成员研究、履行决策程序，经项目监管工作组初审通过后，报委员会审议。

5. 审计监管。需上会的集体经济事项上会前由相关工作组进行初审，过会后由审计监管组对事项实施全程进行跟踪监管，及时了解掌握资金使用情况，事项结束后进行检查。确保事前、事中、事后全程监管。

（三）议事程序

1. 内部集体研究。各单位提请委员会研究议事事项，必须先由本单位内部集体研究讨论达成一致意见。

2. 议题预审。议题呈报单位将内部集体研究通过的议题内容、汇报材料、讨论方案等书面材料进行整理移交相关工作组进行预审。各工作组将有关审核意见反馈议题呈报单位，议题呈报单位根据反馈意见进行修改完善后，各工作组填写初审意见。

3. 议题申报。议题呈报单位填报“××乡集体资产监督管理委员会会议议题报送单”，将议题报送单、内部集体研究及相关工作组预审通过的议题内容、汇报材料、讨论方案等书面材料，报委员会办公室。

4. 召开议事会议。委员会原则上每月召开一次会议，也可根据工作需要随时召开，须有三分之二以上的委员到会方可召开。委员会办公室制定会议安排，明确议事内容，提前将会议材料送达委员会成员及列席人员。会议坚持“一事一议”，由议题申报单位逐项汇报，未经确定的议题不予讨论。如遇难以议定的事项，完成调查研究后进行讨论。议事内容如涉及与会人员及其亲属利益，相关人员应回避。与会人员要对具有保密性或未正式公布的内容以及各位委员发表的意见严格保密。

5. 督办议定事项。委员会办公室将议定事项以会议纪要形式发至各相关单位，督办议定事项，及时反馈事项落实情况。

四、其他事项本《意见（修订）》自发布之日起执行。未尽事宜根据实际工作情况另行研究，由乡集体资产监督管理委员会办公室负责进行修订完善并解释。

【原文】 **第十一条 会计人员的财务管理职责主要包括：**

（一）会计主管人员负责组织本集体经济组织的会计工作，审核本集体经济组织的财务会计报告，在财务会计报告上签名并盖章；

（二）会计人员负责本集体经济组织会计凭证审核及填制、会计账簿登记及核算、财务会计报告编制及报送、稽核、会计档案保管、财务公开等日常工作。配合开展集体资产年度清查、审计和调查工作。

【解读】 真实、完整的财务会计信息是财务管理和财务决策的基础。集体经济组织财务人员必须严格按照相关会计制度的规定，对本集体经济组织发生的每一项经济业务，都应当依据经审核无误的原始凭证，填制相应的记账凭证并据以登记账簿、编制财务报表。不得以虚假的经济业务事项或者资料进行会计核算；不得伪造、变造会计凭证、会计账簿及其他会计资料；不得提供虚假的财务会计报告。

在实践中，部分经济总量大、分支机构较多、规模比较大的集体经济组织可能设立主管会计、财务经理、财务总监等职位，所以，本制度明确了会计主管人员作为集体经济组织财务工作负责人，负责本经济组织的会计工作，并对财务报告承担审核责任。

本制度进一步对会计人员的日常工作进行列举，要求会计人员对会计凭证审核及填制、会计账簿登记及核算、财务会计报告编制及报送、稽核、会计档案保管、财务公开等日常工作承担责任。并要求配合开展集体资产年度清查、审计和调查工作。这是对会计人员从财务管理角度提出的具体管理职责要求，为农村集体经济组织的会计人员履行财务管理职责指明了方向。

第三章　资金筹集

【原文】　第十二条　农村集体经济组织可依法依规采取多种形式筹集资金。筹集资金应当履行本集体经济组织决策程序，确定筹资方式、规模和用途，控制筹资成本和风险。

【解读】　资金筹集是财务管理的首要内容，财务管理活动首先是建立在一定的资金来源和资金供应量基础之上的。没有初始资金的投入，就不可能有投资管理、营运资金管理和收益分配管理等后续财务活动。基于农村集体经济组织财务管理公开透明、民主管理的原则要求，农村集体经济组织的资金筹集，必须综合考虑资金筹集的决策程序、资金的来源、方向与通道、规模与用途、成本与风险。

农村集体经济组织的资金筹集有较大的局限性，它不能像上市公司可以通过资本市场以发行股票或发行债券等方式进行筹集；由于其产权集体经济组织成员共同共有的特殊属性，在现行法律体系下，也很难通过股权交易方式筹集资金。因此，农村集体经济组织在资金需求量确定以后，从哪些来源渠道取得资金就显得尤其重要。

目前，社会上资金筹集手段让人眼花缭乱，有合法的、也有非法的。本制度强调，农村集体经济组织可依法依规采取多种形式筹集资金，一是允许农村集体经济组织充分拓展和正确利用各种筹资渠道；二是强调必须依法依规，确保资金筹集方式和筹资渠道合法合规。农村集体经济组织资金筹集的渠道主要包括：

1. 国家财政资金。即国家以财政拨款、政府补助或补偿资金等形式向农村集体经济组织投入的资金。这是农村集体经济组织公共事务与公益事业资金的重要来源。2016—2019年，全国财政一般公共预算累计安排农业农村相关支出6.07万亿元，年均增长8.8%[①]。

2. 银行信贷资金。是指银行放贷给农村集体经济组织使用的资金。由于各地区农村集体经济组织发展水平不同、经济实力不一，在没有合格担保或足够抵押物抵押的情况下，农村集体经济组织很难通过自身信用直接从银行获得信贷资金。

3. 非银行金融机构资金。即从各种从事金融业务的非银行机构（主要是信托投资公司、租赁公司、保险公司、证券公司、企业集团所属的财务公司等）取得的资金。由于农村集体经济组织的特殊法人实体身份，一般情况下，很难从非银行金融机构获得资金。

4. 其他法人资金。农村集体经济组织及其所属企业在生产经营中，往往形成部分暂时闲置的资金，农村集体经济组织及其所属企业间利用这部分暂时闲置的资金为一定目的而相互占用或投资；此外，农村集体经济组织的购销业务可以通过商业信用方式来完成，从而形成了农村集体经济组织与其客户间的债权债务关系，形成了债务人对债权人的短期信用资金的占用。农村集体经济组织及其所属企业间闲置资金的占用或投资，往往局限于同一乡镇范围内的农村集体经济组织及其所属企业间；或在县（区）政府部门的协调下，县（区）域范围内集体经济组织及其所属企业间。

5. 职工和成员资金。即农村集体经济组织占用职工或农村集体经济组织成员的结余资金。该类资金作为“游离”于银行与非银行金融机构之外的社会资金，可用于农村集体经济组织发展，形成民间资金来源渠道。

---

① 2020年12月23日在第十三届全国人民代表大会常务委员会第二十四次会议上财政部长刘昆《国务院关于财政农业农村资金分配和使用情况的报告》。

6. 农村集体经济组织内部积累资金。即农村集体经济组织内部积累形成的资金，包括从税后利润中提取的公积公益金和未分配利润等。这些资金的主要特征是无须通过一定的方式去筹集，而是直接由农村集体经济组织内部自动生成或转移。

筹资方式是指筹集资金的具体形式。如果说筹资渠道是客观存在，那么筹资方式则属于农村集体经济组织的主观能动行为。农村集体经济组织资金筹集管理的重要内容是如何针对客观存在的筹资渠道，选择合理的筹资方式、有效地进行筹资组合，降低筹资成本，提高筹资效益。

从目前农村集体经济组织资金来源渠道分析可以看出，国家财政资金具有其固有的管理时滞；银行信贷资金需要一定的抵押或担保。对于农村集体经济组织而言，利用其他法人资金、职工和成员资金以及集体经济组织内部积累资金往往是比较常见的手段。

筹资规模是指一定时期内筹资主体的筹资总额。筹资渠道解决的是资金来源的问题；筹资方式是解决如何取得资金的问题；筹资规模则是解决资金需求数量的问题。确定筹资规模是制定筹资策略的主要内容，同时也是确定筹资方式的基本依据。筹资规模呈现以下特征：

1. 层次性。筹集资金从获得来源上分为内部资金和外部资金。农村集体经济组织在进行投资时，首先利用的是农村集体经济组织内部资金，在内部资金不足时才考虑对外筹资的需要。从外部资金的层次来看，在一般情况下，农村集体经济组织进行公共管理和公共事务时一般有财政专项拨款作为主要资金来源；在进行公益事业或公益服务时一般有相应的政府补助作为主要资金来源；对于政府征收土地或城镇化拆迁腾退等有土地补偿或拆迁腾退补偿资金作为主要资金来源。

2. 筹资规模与资产占用的对应性。集体经济组织长期稳定占用的资金应与集体经济组织成员的投入资本和长期负债等筹资方式所筹集资金的规模相对应，随业务量变动而变动的资金占用，与农村集体经济组织临时采用的筹资方式所筹集的资金规模相对应。

3. 时间性。筹资服务于投资，农村集体经济组织筹资规模必须要与投资需求时间相对应。

筹资规模主要根据法律限制要求和投资规模来确定，常用的方法有销售百分比法、线性回归法、实际预算法。

1. 销售百分比法。销售百分比法是根据销售与资产负债表和利润表有关项目间的比例关系，预测各项目短期资金需要量的方法。该种方法有两个基本假定：一是假定农村集体经济组织的盈利模式、经营状况及管理水平不变，从而建立起各资产、负债项目与销售收入间的比例关系；二是假定未来销售收入是可预测的。

销售百分比法，一般借助于预计利润表和预计资产负债表来确定其资金需要量，即通过预计利润表预测农村集体经济组织留用利润这种内部资金来源的增加额，通过预计资产负债表来测定农村集体经济组织筹资总规模与外部筹资规模的增加额。

（1）预计利润表步骤：

第一，取得实际利润表资料，计算确定利润表各项目与销售额间的百分比。

第二，取得预测年度销售额的预计数，并以此与利润表各项目与实际销售额间的比率相乘，计算预计年度利润表各项目的预计数，编制预计利润表。

第三，利用预计年度税后利润预计数与预定的留存比率，确定并计算内部留存利润的数额。

（2）预计资产负债表步骤：

第一，确定资产或负债中与销售额间有固定不变比率关系的项目，即随着销售的变动而同步变动的项目，也就是敏感性项目，包括敏感性资产项目（如现金、应收账款、存货、固定资产净值等）和敏感性负债项目（如应付账款、应付费用等）两部分；非敏感性项目有对外投资、短期借款、长期负债和实收资本等，它们在短期内都不会随销售规模的扩大而相应改变。

第二，取得实际资产负债表资料，并计算资产负债表各敏感性项目与销售额的百分比。

第三，按照预计的销售额求得预计的资产负债表中需要追加外部筹资额。

(3) 需要追加的外部筹资额也可用以下简便的公式来计算：

需要追加的外部筹资额 $= \triangle S \times (\sum \alpha - \sum I) - \triangle E$

式中：$\triangle S$——预计年度销售增加额

$\sum \alpha$——基年总敏感资产的销售百分比

$\sum I$——基年总敏感负债的销售百分比

$\triangle E$——预计年度留存利润增加额

2. 线性回归法。线性回归法是根据筹资规模与业务量间存在的关系，按照回归的方法来建立相关模型，利用历史资料来确定，在已知销售预测（x）的基础上，确定其筹资规模（y）。其模型为：$y = a + bx$（式中：y 为筹资规模；a 为不变资金规模；b 为单位业务量所需要的变动资金规模；x 为业务量）在实际的运用中，需要利用历史资料来确定 a、b 数值，然后在已知销售预测（x）的基础上，确定其筹资规模（y）。具体可通过如下方程组求得 a，b 数值：

$$\begin{cases} \sum y = na + b\sum x \\ \sum xy = a\sum x + b\sum x^2 \end{cases}$$

3. 实际预算法。实际预算法是指农村集体经济组织在项目投资额基本确定的情况下，根据项目所需的实际投资额确定筹资规模的方法。

控制筹资成本和筹资风险是整个筹资过程中始终要考虑的问题。筹资成本是指农村集体经济组织为筹集资金和使用资金而付出的代价。农村集体经济组织筹集资金应力求降低资金成本，减少筹资风险，取得最佳筹资效果。筹资成本包括资金筹集费用和资金占用费用，资金筹集费用是指在资金筹集过程中所需支付的各项费用。资金占用费是指占用资金所需支付的费用，如银行借款利息，职工和成员资金占用费用等。资金筹集费是在筹集资金时一次性支出，因此可作为筹资金额的一项扣除；而资金占用费则是经常性费用。筹资成本一般采用资金成本率来表示，它是企业资金占用费与筹集资金的净额之比率。

筹资成本是选择资金来源和拟定筹资方案的重要依据。农村集体经济组织长期筹资方式主要有负债筹资、权益筹资、租赁筹资等类型。由于在实际工作中不同筹资方式的筹资成本各不相同，因此在对筹资方案进行比较分析时，先要分别计算各种筹资方式的资金成本，再以各种筹资方式的筹资额占筹资总额的比重为权重，计算筹资方案的加权平均资金成本，即综合资金成本。通过分析比较各种筹资方案的资金成本，合理调整资本结构，就可以达到以最低的综合资金成本筹集到农村集体经济组织所需资金的目的，从而也就找到了筹资结构最佳的筹资方案。

1. 负债筹资方式

（1）银行借款。向银行的长期借款是农村集体经济组织筹集长期资金的重要方式之一。在考虑筹资费用的情况下，借款成本是指借款利息和筹资费用。由于借款利息计入税前成本费用，可以起到抵税的作用。可见，银行借款的实际成本较所付利息低，因此它能发挥财务杠杆的作用，提高农村集体经济组织成员的收益。

（2）职工和成员资金占用。随着职工和成员收益的不断提高，职工和成员往往愿意将闲置资金借给农村集体经济组织用于自身发展。这种资金占用的筹资费用一般很低，可以忽略，资金占用费与长期借款利息处理相同。但应当注意的是，农村集体经济组织在支付职工和成员资金占用费用时，应当由职工或成员在其常住地或户籍所在地主管税务机关开具资金占用费发票，否则将给农村集体经济组织带来一定的税收风险。取得合法票据的资金占用费可以在企业所得税前扣除的，所以也具有财务杠杆作用。

2. 权益筹资方式

(1) 吸收直接投资。主要是集体经济组织成员直接投资。该筹资方式手续简便，安全系数大，权益结构简单，其资金成本与农村集体经济组织的最终收益息息相关，而且筹资费用很小，可忽略不计。

(2) 内部筹资。即将利润资本化。这种方式只是将所有者权益结构进行调整，并未增加企业的资金，其成本同吸收直接投资，只是没有筹资费用。负债性筹资必须按期还本付息，筹资数量受到负债结构比率的限制，且会影响以后的举债能力。权益性筹资则可克服负债性筹资的局限性。通过权益性筹资方式筹得资金构成农村集体经济组织的自有资本，不存在到期偿还的问题，是否支付利润视农村集体经济组织经营好坏而定，不构成固定的成本负担，筹资数量不受限制，且能增强农村集体经济组织的举债能力。

3. 租赁筹资方式

租赁筹资方式与上述筹资方式相比，能迅速获得所需资产，集融资与融物于一身，尽快形成生产能力，保存农村集体经济组织的举债能力。租赁筹资一般不列作负债，因而不改变资本结构。租赁筹资限制条件少，租赁筹资成本包括租赁手续费、租金总额与买价之差两部分。

农村集体经济组织筹集资金既要考虑资金成本，还要考虑筹资风险，否则会给农村集体经济组织生存带来较大的威胁。不同的筹资方式其筹资风险不同。通过定量分析选择理想的筹资方案，避免重大的风险和损失。

1. 负债筹资方式。债务资金必须还本付息，并因金额、用途和期限的不同而承担不同偿债压力，其筹资风险最大，具有财务杠杆的作用。当投资收益率高于利息率，能提高集体经济组织成员的收益。但当投资收益率低于利息率时，则会降低集体经济组织成员收益。

2. 权益筹资方式。权益资本不存在还本付息的偿债负担和风险，筹资风险最小。但若筹资使用不当，会降低集体经济组织成员收益，因此它存在使集体经济组织成员收益变动的风险。

3. 租赁筹资方式。租赁筹资要定期支付租金，因此存在财务风险。同样，租赁资产若未产生预期收益，也会降低集体经济组织成员收益，因而也存在使集体经济组织成员收益变动的风险。租赁筹资因分期付款，其风险介于负债筹资和权益筹资之间。

不同的筹资方式具有不同的风险，农村集体经济组织在筹资活动中需遵循以下原则：

1. 规模适度原则。农村集体经济组织筹集资金，筹集多少才算合适，这是农村集体经济组织在筹资运作中应首先合理规划的问题。资金是有时间价值的，筹资过多会造成浪费，增加资金成本；筹资不足又会影响其生产运营和发展的要求。因而农村集体经济组织在筹资过程中，应在考虑广开财路的同时，确保农村集体经济组织资金需要量的合理界限。具体包括两个方面：

（1）考虑农村集体经济组织规模经济的需要，组织动员足够的资金使农村集体经济组织取得最佳的经济效益。

（2）考虑筹资数量与自有资金的比例关系。

2. 结构合理原则。筹资结构是指农村集体经济组织资金来源渠道的结构及资金性质的结构。合理确定筹资结构，是寻求最佳筹资方式组合的重要前提条件。在筹资规模确定时，应系统研究两个比例关系：一是农村集体经济组织自有资本和借入资本的比例关系，在自有资金合理比例确定后，可适时适度地举债经营；二是农村集体经济组织长短期资本的合适比例关系，并合理安排农村集体经济组织资本性支出和收益性支出，保证农村集体经济组织战略发展和正常生产经营的需要。

3. 成本最低原则。农村集体经济组织在选择筹资方式，决定筹资时机、筹资规模和筹资结构时，必须在资金成本、预期效益和筹资风险之间进行综合权衡，应确保农村集体经济组织综合成本率最低以及筹资后资本金利润率大于筹资前资本金利润率，从而实现农村集体经济组织收益的最大化；在筹资中应力求使筹资风险达到最低。为此应做到：

（1）选择可转化风险的筹资方式。

（2）增强筹资渠道的可转换性。

4. 期限适当原则。债务筹资期限包括付息的期限和还本的期限；股权筹资虽然没有固定的期限，但管理当局面临着集体经济组织成员要求分红派息的压力，因而也有一定的隐性期限存在。适当性是指筹资期限与用资期限的相互配合。

各种筹资方式的筹资机会、筹资规模和筹资组合的选择，流动性风险管理和资本结构的管理，是筹资成本与风险管理的主要内容。

1. 筹资机会、筹资规模和筹资组合的选择。农村集体经济组织的筹资机会是指在某一特定时间所出现的一种客观环境。选择筹资机会的过程就是寻求与农村集体经济组织内部条件相适应的外部环境的过程。需要注意的是，这一选择是相对的，而不是绝对的，即农村集体经济组织只能寻求较优的投资机会，只能是环境的几个主要方面符合农村集体经济组织的情况，而不是说所有的环境因素都能符合农村集体经济组织的内在条件。

2. 流动性风险管理。流动性不仅是指农村集体经济组织在一定时间内偿还到期债务的能力，还是扩展到农村集体经济组织的全部现金需求，即流动性是农村集体经济组织随时满足当时现金需要的能力。农村集体经济组织的流动性有两个来源：

（1）流动资产（待摊费用、预付账款除外）和一年内到期的长期货币性资产。

（2）筹集新的资金。

3. 农村集体经济组织的资本结构。通常是指农村集体经济组织长期负债和集体经济组织成员权益及其各构成项目之间的比例关系。它是决定农村集体经济组织整体资金成本和财务风险的重要因素。

此外，为保障农村集体经济组织成员对资金筹集活动的知情权、参与权、表达权、监督权，实行民主管理和民主监督，本制度要求农村集体经济组织的资金筹集必须按规定履行本集体经济组织的决策程序。

【原文】 **第十三条　农村集体经济组织从各级政府获得资金或其他资产的，按照有关规定执行并接受监管。通过接受捐赠获得资金或其他资产的，应当及时入账，加强管理。**

【解读】 《中华人民共和国公益事业捐赠法》第十九条规定，受赠人应当依照国家有关规定，建立健全财务会计制度和受赠财产的使用制度，加强对受赠财产的管理。随着农村城镇化的不断推进，乡村振兴战略的实施，农村集体经济组织从各级政府及其他社会公益组织获得的资金或资产越来越多，将这些资产纳入农村集体经济组织财务核算，并按规定接受监管，是确保农村集体经济组织全部资产安全、完整和有效利用的前提。

从会计处理的角度来看，2004 年 9 月 30 日财政部下发的《村集体经济组织会计制度》（财会〔2004〕12 号）第二十四条规定，村集体经济组织接受捐赠的资产计入公积公益金，即农村集体经济组织在获得捐赠资产时，借记“相关资产”科目，贷记“公积公益金”科目。这种会计处理，没有充分考虑农村集体经济组织接受捐赠资产时可能涉及的流转税和企业所得税的影响。

而《企业会计制度》及财政部、国家税务总局印发的《关于执行〈企业会计制度〉和相关会计准则有关问题解答（三）》规定，企业接受捐赠资产按税法规定确定的入账价值，应通过“待转资产价值”科目核算。企业应在“待转资产价值”科目下设置“接受捐赠货币性资产价值”和“接受捐赠非货币性资产价值”两个明细科目进行核算。企业取得的货币性资产捐赠，应按实际取得的金额，借记“现金”或“银行存款”等科目，贷记“待转资产价值——接受捐赠货币性资产价值”科目；企业取得的非货币性资产捐赠，应按会计制度及相关准则规定确定入账价值，借记“库存商品”

"固定资产""无形资产""长期股权投资"等科目。一般纳税人如涉及允许抵扣增值税进项税额的，按可抵扣的增值税进项税额，借记"应交税金——应交增值税（进项税额）"科目，按接受捐赠资产根据税法规定确定的入账价值，贷记"待转资产价值——接受捐赠非货币性资产价值"科目，按企业因接受捐赠资产支付或应付的金额，贷记"现金""银行存款"等科目。

企业应在当期利润总额的基础上，加上因接受捐赠资产产生的应计入当期应纳税所得额的接受捐赠资产，按税法规定确定的入账价值或是经主管税务机关审核确认当期应计入应纳税所得额的待转捐赠非货币性资产价值部分，计算出当期应纳税所得额。企业应按"待转资产价值"科目的账面余额，借记"待转资产价值"科目，按应交的所得税（或弥补亏损后的差额计算的应交所得税），贷记"应交税金——应交所得税"科目，按其差额，贷记"资本公积——其他资本公积"科目。

接受的非货币性资产捐赠弥补亏损后的数额较大，经批准可在不超过 5 年内的期限内分期平均计入各年度应纳税所得额计交所得税的，企业应按经主管税务机关审核确认计入应纳税所得额的待转捐赠非货币性价值部分，借记"待转资产价值"科目，按当期应计入应纳税所得额的待转捐赠非货币性价值部分（或抵减亏损后的余额）计算的应交所得税，贷记"应交税费——应交所得税"科目，按其差额，贷记"资本公积——其他资本公积"科目。"待转资产价值"科目期末应为贷方余额，表示企业尚未结转的待转资产的价值。

基于目前农村集体经济组织作为我国居民纳税人，必须依法缴纳流转税和所得税的客观现实，建议在《村集体经济组织会计制度》修订时充分考虑税收对会计核算的影响。

【原文】　第十四条　农村集体经济组织采用"一事一议"方式筹资的，应当符合有关法律法规和政策要求，遵循量力而行、成员受

益、民主决策、上限控制等原则，做到专款专用，确保资金用途的合法性、合理性和有效性。

【解读】 “一事一议”是指在农村税费改革这项系统工程中，取消了乡统筹和改革村提留后，原由乡统筹和村提留中开支的农田水利基本建设、道路修建、植树造林、农业综合开发有关的土地治理项目和村民认为需要兴办的集体生产生活等其他公益事业项目所需资金，不再固定向农民收取，采取“一事一议”的筹集办法。

2007 年 1 月 16 日，国务院办公厅下发《关于转发农业部村民一事一议筹资筹劳管理办法的通知》（国办发〔2007〕4 号）明确，村民一事一议筹资筹劳必须按照该办法规定经民主程序确定，筹资筹劳应遵循村民自愿、直接受益、量力而行、民主决策、合理限额的原则。

从审批程序上看，国办发〔2007〕4 号文明确，需要村民出资出劳的项目、数额及减免等事项，应当经村民会议讨论通过，或者经村民会议授权由村民代表会议讨论通过。村民会议所做筹资筹劳方案应当经到会人员的过半数通过。村民代表会议表决时按一户一票进行，所制订方案应当经到会村民代表所代表的户过半数通过。村民会议或者村民代表会议表决后形成的筹资筹劳方案，由参加会议的村民或者村民代表签字。相邻村村民共同直接受益的筹资筹劳项目，应当由受益村协商、乡镇人民政府协调，按照分村议事、联合申报、分村管理资金和劳务的办法实施。筹资筹劳方案报经乡镇人民政府初审后，报县级人民政府农民负担监督管理部门复审。对符合规定的，县级人民政府农民负担监督管理部门应当在收到方案的 7 个工作日内予以答复；对不符合筹资筹劳适用范围、议事程序以及筹资筹劳限额标准的，县级人民政府农民负担监督管理部门应当及时提出纠正意见。

从资金的监督管理来看，国办发〔2007〕4 号文明确，筹集的资金应单独设立账户、单独核算、专款专用。村民民主理财小组负责对筹资筹劳情况实行事前、事中、事后全程监督。筹资筹劳的管理使用情况经民主理财小组审核后，定期张榜公布，接受村民监督。任何单位或者个人不得平调、挪用一事一议所筹资金和劳务。地方人民政府农民负担监督管理部门应当将筹资筹劳纳入村级财务公开内容，并对所筹集资金和劳务的使用情况进行专项审计。

因此，本制度对农村集体经济组织采用“一事一议”方式筹资的，强调要求遵守相关法律法规和政策规定，遵循量力而行、成员受益、民主决策、上限控制等原则，做到专款专用，确保资金用途的合法性、合理性和有效性，是对前期相关制度的进一步协同。

【原文】　**第十五条　农村集体经济组织不得举债兴办公益事业；举债从事经营性活动应当纳入村级重大事项决策范围，参照执行“四议两公开”机制，并报乡镇党委、政府或农业农村部门审核或备案。**

农村集体经济组织直接与社会资本合作从事经营活动的，应当在合同中明确权责边界及收益分配。

严禁将农村集体经济组织债务转嫁给地方政府。

【解读】　《中华人民共和国公益事业捐赠法》把公益事业界定为非营利的救助灾害、救济贫困、扶助残疾人等困难的社会群体和个人的活动；教育、科学、文化、卫生、体育事业；环境保护、社会公共设施建设；以及促进社会发展和进步的其他社会公共和福利事业。

正是由于公益事业属于非盈利性质，其实质甚至可以说是社会财富的再次分配。由于目前我国农村集体经济组织总体发展实力较弱，拥有资源相对贫乏，还有相当一部分农村集体经济组织发展水平比较落后，举债兴办公益事业将进一步增加农村集体经济组织的负担，不利于农村集体经济组织持续稳定发展。因此，本制度明确要求农村集体经济组织不得举债兴办公益事业。

所谓“四议两公开”是指村党组织提议、村“两委”会议商议、党员大会审议、村民会议或者村民代表会议决议，决议公开、实施结果公开。“四议两公开”工作法的具体程序如图 3 –1 所示。

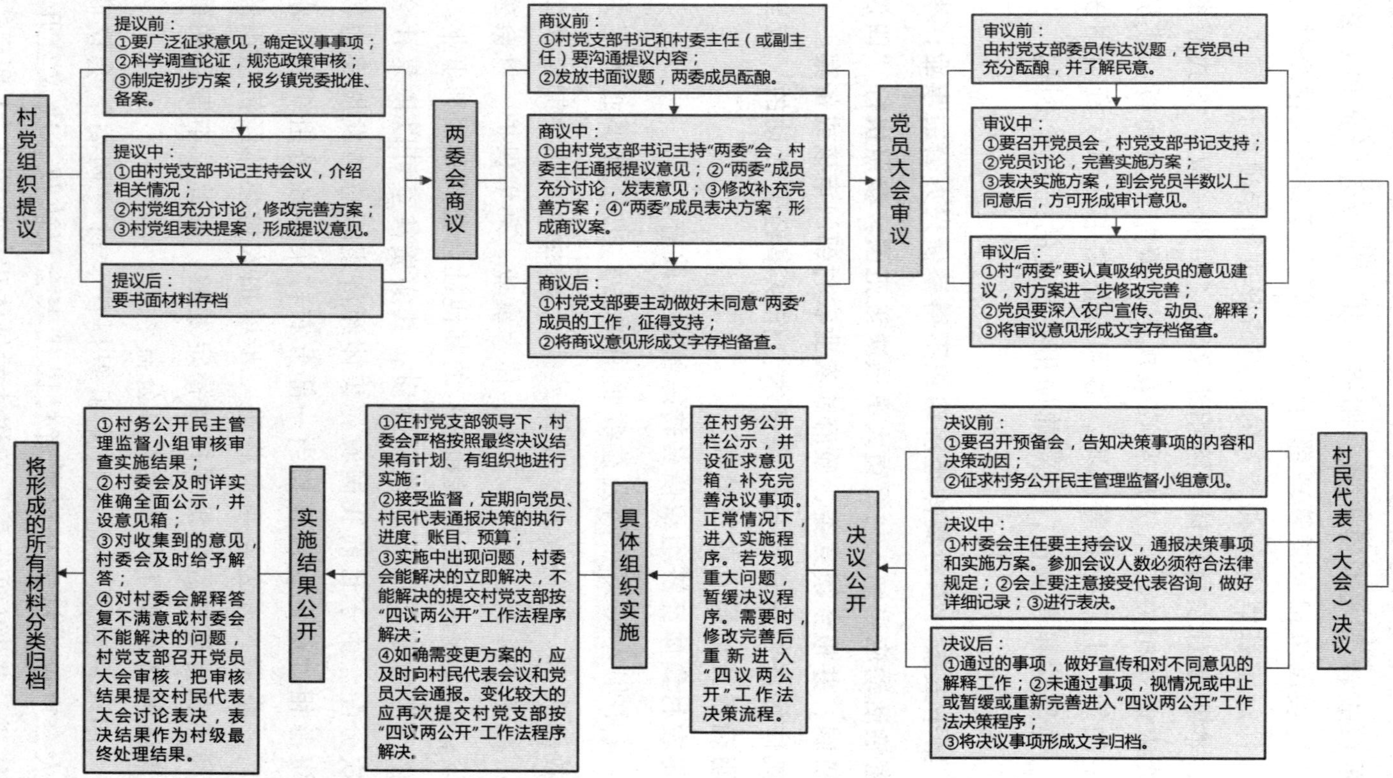

图 3－1 "四议两公开"工作法流程图

这是2004年发端于河南邓州的工作方法。2018年11月26日，中共中央政治局召开会议，审议《中国共产党农村基层组织工作条例》。会议强调，凡是农村的重要事项和重大问题都要经党组织研究讨论，村级重大事项决策实行“四议两公开”，加强村务监督[①]。

由于发展本区域集体经济是农村集体经济组织的首要任务，因此，本制度遵照会议精神，要求参照执行“四议两公开”机制，并报乡镇党委、政府或农业农村部门审核或备案。

农村集体经济组织在生产经营过程中，为了筹集资金，不可避免地会与社会资本进行合作，但农村集体经济组织由于自身财务管理能力和经营能力的局限，往往处于弱势地位。实践中，也往往因为经验不足或合同约定不明确而导致集体经济利益和农村集体经济组织成员权益受损。为确保农村集体经济组织权益不受侵害，最大限度保护集体经济组织成员利益，本制度要求农村集体经济组织在与社会资本合作过程中，必须在合同中明确合作双方的权责边界及收益分配。

首先，我国目前宏观杠杆率高，还本付息压力大。截至当前，中国实体部门债务占GDP的比例是270%。由于实体债务规模达到GDP的270%，所以地方平台债务大概占到中国GDP的50%以上。如果把这部分债务归到政府部门，那么这意味着中国政府部门债务已经突破了60%和90%的双重国际警戒线。其次，公共债务的分布非常不均衡，沿海省份的偿债压力大致是可控的，而中西部省份偿债压力较大。最后，在地方政府债务方面，存在财政、金融风险相互溢出的现象。在比较脆弱的中西部地区，地方政府债务危机可能会触发金融体系危机，这种风险相互溢出的现象值得高度重视[②]。

因此，本制度明确规定，严禁将农村集体经济组织债务转嫁给地方政府。

---

① 王胜昔．历久弥新的“四议两公开”［N］．光明日报，2019-01-23（01）．

② http：//www. chinacef. cn/index. php/index/article/article_ id/8064.

第四章　资产运营

【原文】　第十六条　农村集体经济组织应当按照有关法律、法规、政策以及组织章程加强现金、银行存款、应收款项、存货等流动资产管理，落实经营管理责任。严禁公款私存和私设小金库，加强票据管理，杜绝“白条”抵库。

【解读】　对资产运营的管理，是财务管理活动的主要内容之一。所谓资产运营是指农村集体经济组织为了实现其价值最大化而进行的资产配置和经营运作活动。

为进一步加强和规范村级财务管理，维护农民群众的切身利益，促进农村基层党风廉政建设，2006 年 9 月 22 日，中共中央纪委等四部委联合下发了《中共中央纪委 监察部 财政部 农业部关于进一步规范乡村财务管理工作的通知》（中纪发〔2006〕24 号），要求各地区各部门充分认识规范乡村财务管理工作的重要性和必要性，切实加强组织领导，采取有效措施，确保财政部、原农业部分别颁布的《关于进一步加强和规范乡镇财政财务管理工作的暂行办法》与《关于进一步加强和规范村级财务管理工作的暂行办法》落到实处。《关于进一步加强和规范村级财务管理工作的暂行办法》明确要求，村集体经济组织要建立和完善规范的财务管理制度，主要包括民主管理和财务公开制度、现金银行存款管理制度、债权债务管理制度、资产台账制度、票据管理制度、会计档案管理制度、村干部任期届满经济责任和离任审计制度、一事一议筹资筹劳制度、土地补偿费监督管理制度等。这些制度对于加强农村集体经济组织内部控制制度建设、落实管理责任起到了很好的推动作用。

为深入贯彻落实党的十七届三中全会精神，稳定和完善农村基本经营制度，切实维护农村集体经济组织和农民群众的合法权益，进一步加强农村集体资金、资产、资源管理，2009 年 6 月 8 日，农业部颁布了《农业部关于进一步加强农村集体资金资产资源管理指导的意见》（农经发〔2009〕4 号）明确要求建立健全农村集体资金、资产、资源管理制度，严禁公款私存、私设小金库，要加强票据管理，杜绝“白条”抵库；切实加强对农村集体资金、资产、资源管理的指导、监督和服务。农经发〔2009〕4 号文件从农村集体经济组织所掌握的资金、资产、资源 3 个维度，要求农村集体经济组织遵循资金、资产、资源管理的规律和特点，采取不同的经营模式和管理方式，提高经营管理水平，节本增效，确保资金、资产、资源的安全和保值增值。

为管好用好农村集体资金资产资源，发展壮大集体经济，2013 年 6 月 27 日，农业部等四部委联合下发《农业部 财政部 民政部 审计署关于进一步加强和规范村级财务管理工作的意见》（农经发〔2013〕6 号）明确要求，村级组织只可开设一个基本存款账户，用于办理日常转账结算和现金收付，除土地补偿费专门账户外，一般不准开设其他专用或临时账户。

2017 年 12 月 26 日，农业部等九部委联合下发的《农业部 财政部 国土资源部 水利部 国家林业局 教育部 文化部 国家卫生计生委 体育总局关于全面开展农村集体资产清产核资工作的通知》（农经发〔2017〕11 号）的附件 1《农村集体资产清产核资办法》第七条把流动资产分为了现金、银行存款、短期投资、应收款项、存货等。

鉴于现有制度对农村集体经济组织的现金、银行存款、短期投资、应收款项、存货等流动资产管理要求已经做出了相应的规定，本制度对农村集体经济组织的流动资产管理做出原则性要求，强调农村集体经济组织资产管理的责任和“严禁公款私存和私设小金库，加强票据管理，杜绝‘白条’抵库”。

从客观实践来看，由于农村地区票据意识仍待加强，部分零星支出尚不能全部按规定取得合法票据；《企业所得税税前扣除凭证管理办法》（国家税务总局公告 2018 年第 28 号）对纳税人税前扣除凭证的管理也做出了明确规定。农村集体经济组织仍需在小额零星支出的票据管理上与国家税务总局公告 2018 年第 28 号协调一致。

【案例 4－1】 近期温州市农业农村局对农村集体资产的管理要求[①]。

温州市农村集体资产管理办法（试行）

温农发〔2022〕1 号

为规范农村集体资产管理，探索农村集体所有制有效实现形式，创新农村集体经济运行机制，发展壮大农村集体经济，巩固“漠视侵害群众利益问题专项治理工作”“农村集体‘三资’管理领域腐败突出问题专项治理”“侵占农村集体资产资源问题集中治理”等行动成果，维护村集体经济组织及其成员的合法权益，促进集体资产保值增值，推进共同富裕，根据《浙江省村经济合作社组织条例》《浙江省农村集体资产管理条例》《浙江省农业农村厅关于加强农村集体资产管理的意见》，结合我市实际，制定本办法。

一、总则要求

农村集体资产包括农村集体经济组织成员集体所有的土地、森林、山岭、草原、荒地、滩涂、水域等资源性资产，用于生产经营的建筑物、构筑物、设施设备、库存物品、各种货币资产以及债权、股权等经营性资产，用于教育、科学、文化、卫生、体育等公益事业的非经营性资产，以及其他有形和无形资产。农村集体资产受法律保护，任何单位和个人不得侵占、私分、平调、破坏。任何单位和个人不得强制村集体经济组织捐款捐助或者向村集体经济组织摊派。

① 资料来源：http：//www. wenzhou. gov. cn/art/2022/1/12/art_ 1229118497_ 1996818. html.

村经济合作社代表社员集体行使所有权。村经济合作社的权力机构是社员大会，执行机构是村经济合作社管理委员会（以下简称社管会），监督机构是村经济合作社监督委员会（以下简称社监会），进行股份制改造的股份经济合作社行使村经济合作社职能。

乡镇（街道）农村集体“三资”管理机构负责农村集体财务收支的审核、会计核算和服务工作，明确专人负责日常监管，不得兼任代理会计。

二、资产运营

（一）资产登记与交易

1. 村集体经济组织应当建立资产登记制度。按照“清查、登记、申报、建档、公示、审核”程序建好资产资源台账。每年清查本集体经济组织集体所有资产，如实登记资产存量及变动情况，做到资产明晰、账实相符。对报废的资产，应当按照规定程序予以核销。清产核资结果要向全体社员公示，并经成员（代表）大会确认。乡镇（街道）农村集体“三资”管理机构按每年不少于20%的村（社）比例进行核查，加强对账外资产的查处和收回。

2. 村集体经济组织对集体资产可以直接经营，也可以采取发包、租赁、合资、合作等方式经营。单位和个人经营或者使用农村集体资产的，应当与村集体经济组织签订书面合同，合理确定合同期限、标的，明确双方的权利和义务。加强村级合同管理，清理长期、低价、不规范合同，集体资产资源实行承包、租赁、出让经营的，须签订规范的书面合同，合同内容应包含租金市场调节机制。引导村经济合作社对资产资源租赁设置适当年限，资源发包一般不超过15年，房屋等不动产出租一般不超过5年。特殊情况报乡镇（街道）研究批准后，方可适当延长年限。

3. 达到标的额的农村集体资产，应当进入农村产权交易市场公开交易。禁止将达到标的要求的交易项目化整为零、分割交易。

（1）单宗合同平均年交易额在5万元以下的村集体经济组织经营性资产，可由村集体经济组织自行组织，并报乡镇（街道）农村集体“三资”管理机构备案。

（2）单宗合同年平均交易额在5万元（含）以上的应在各乡镇（街道）服务机构进行，乡镇（街道）未建立农村产权服务机构的，应委托县级农村产权服务中心进行交易。

（3）单宗合同年平均交易额在50万元（含）以上的村集体经济组织经营性资产要在县级及以上的农村产权交易平台进行交易。

4. 达到标的额的工程要进行公开招投标。各地已有工程招投标额度标准的，从其规定。村党组织、村民委员会、村经济合作社以及村务监督委员会班子成员及其近亲属、近姻亲属均不得参与或变相参与本村建设工程项目的投标、承包。

（二）资产管理与运营

1. 村集体经济组织以及村集体经济组织经营管理人员，不得以本集体资产为其他单位和个人的债务提供担保。

2. 农村集体资产经营管理活动中的下列重大事项，应当经本集体经济组织成员大会或者成员大会授权的成员代表大会应到成员三分之二以上通过：

（1）本集体经济组织年度财务预决算、收益分配和非生产性支出方案；

（2）农村集体资产经营方式、经营目标及重大经营事项的确定和变更；

（3）重大投资和工程建设项目，较大数额的举债；

（4）出借集体资金；

（5）集体土地征收征用补偿费的分配和使用；

（6）留用地和集体经济发展资金的使用；

（7）宅基地的分配；

（8）依法进行的集体经营性建设用地入市；

（9）涉及本集体经济组织全体成员利益的其他重大事项。

前款所列事项的表决过程应当由村集体经济组织监督机构全程监督。其中，第三项、第四项规定的事项在提请表决前，还应当由社管会说明可能造成的风险。重大事项表决应当由成员（代表）在会议记录本上签字。

3. 积极探索村集体经营性资产开展市场化、竞争性运营，鼓励有充足资金和优质资产资源的村经济合作社采用独资、入股、合资、合作等形式，通过经营公司经营集体资产。

4. 加强各类村属企业管理，村经济合作社独资、控股或多村联合投资的企业，应建立权责明确的内部监督管理和风险防控制度，鼓励企业会计委托乡镇（街道）代理，推动村级集体经济审计向村属企业延伸。鼓励有条件的村采取向社会公开招聘职业经理人，提升村级集体资产运营管理能力。村干部在村属企业兼职的，原则上不得在企业取酬。村属企业年度资产负债、净利润、利润分配情况向社员公开。

三、财务管理

（一）纪律原则

1. 村集体按照“统筹兼顾、增收节支、量入为出、留有余地”原则，编制年度综合预算和专项（包括重点工程项目）预算方案，报经村集体成员（代表）大会讨论通过后实施。年终应当及时进行决算，并将预算执行情况和决算结果向全体成员公布。乡镇（街道）农村集体“三资”管理机构定期或不定期开展检查，发现偏离预算的，及时督促整改。

2. 严格遵守财经纪律，非出纳人员不得经管现金的收付业务和现金保管业务。不得坐支现金，不得挪用公款，不得公款私存，不得白条抵库、未批先报，不得设立“小金库”、保留账外公款。

（二）账户管理

1. 每个村集体经济组织只能开设一个基本存款账户，用于办理日常转账结算和现金收付；村集体经济组织在基本存款账户开户行以外的银行业金融机构申办贷款的，可以开立一般存款账户，只能用于还贷结算。除土地补偿费专门账户外，不得开设其他专用或者临时账户。村集体经济组织开设一般账户，需经成员代表会议通过后报乡镇（街道）批准。

2. 鼓励村集体大额资金竞争性存放，具体标准由各县（市、区）根据实际情况确定，竞争条件可综合考虑对村集体经济发展贡献、农户普惠金融推广力度、服务水平等因素设置，可委托县级农业农村主管部门或乡镇（街道）组织公开招投标，确定存储的银行。

（三）财务审批

1. 健全财务审批制度，规范审批手续，全面实行村级财务联审联签，一切财务支出都必须取得合法的原始凭证，由经手人注明用途并签字，联签人方可审批。对手续不完备、内容不真实、用途不明确、开支不合理的费用，联签人不得审批，乡镇（街道）农村集体“三资”管理机构不得入账。

2. 开支实行分层审批，具体金额与程序由各县（市、区，包含功能区，下同）根据当地经济水平制定。一般对5万元以上的财务支出实行集体经济组织成员（代表）大会集体决策后联审联签，实行村级重大事项驻村干部提前审核把关制度。不得化整为零、化大为小，避开限额审批权。如造成损失的，由参与超越权限审批且表示同意的人员共同负担。

3. 建立健全集体资金线上审批、银联直付和村务卡制度，推行“无纸化”审批、“非现金”收付，对村级账目和资金链实行全程信息化监控。持续扩大村级转账支付覆盖面，除慰问款等小额、零星费用外，村级集体资金支出均通过公务卡或转账方式进行，实现痕迹可追溯。在原有银行转账收款基础上，鼓励引入“扫码收款”方式，通过由开户银行提供扫码支付收单产品和手机支付功能于一体的聚合二维码，推行“线上收付”。

（四）债权债务

1. 加强债权管理。村集体经济组织应每年至少要开展一次清收工作，及时清理回收农村集体账内往来、应收款项，乡镇（街道）农村集体“三资”管理机构应协同纪（工）委督促落实。对拖欠村集体租金或其他款项的单位或者个人，应当采取经济、行政、法律等综合措施进行清收；确实无法收回的，经民主决策程序后，报乡镇（街道）农村集体“三资”管理机构核销账务。

2. 村集体经济组织应当合理控制债务规模，乡镇（街道）要设置村级债务规模警戒线，并对村集体经济组织及社员发布预警信息，防止出现大规模债务风险。

3. 村集体经济组织需向金融机构、社会（个人）借款的，必须经成员代表会议讨论通过，讨论时应当说明借款用途、金额、时间、利率和还款途径等内容，入账时附借款协议和会议记录。向非金融机构借款的，借款利率必须符合最高法院关于利率保护的规定，在同等利率下，应把非村干部的成员及社会（个人）列为优先借款对象。

（五）票据入账

1. 村集体发生的每项经济业务应有真实合法有效凭证。实现资金收入时，应当使用正式发票或温州市农村集体统一收款收据；发生支出事项时，应当按规定取得或填制有效的原始凭证，严禁白条入账。村集体自制凭证用于支付村干部报酬、村集体成员误工费、勤杂人员人工报酬和五保户、困难户等优抚对象的补助资金及发放土地征用补偿费、政策性兑现资金等。

2. 乡镇（街道）应建立领用、收回登记和验旧领新农村集体经济组织统一收据制度。由村级集体经济组织向乡镇（街道）领取使用，一般每次 1 本。统一收据必须连号、连本使用，到期未用完的统一收据应剪角作废，避免跨期间使用。

3. 乡镇（街道）农村集体“三资”管理机构要对村级工程的报销、入账加强规范指导。一般村级工程的报销应附有成员代表会议决议、工程审批单、工程合同文本、工程验收审核报告、合法的正式票据。按规定应纳入招投标的工程竣工要附招投标文书等必要的附件。

对以下情形的工程款应不予支付，并督促改正：

（1）项目合同签订未经法定、规定程序，擅自订立的；

（2）未签订施工合同或协议，工程款支付没有依据的；

（3）未按合同约定支付工程款的；

（4）未经工程变更程序，超合同价支付工程款的。

四、非生产性开支管理

（一）原则要求

坚持“量入为出、收支平衡，厉行节约、标准从严，公开透明、管理规范”的原则，进一步健全完善村级非生产性开支管理和监督机制。村级非生产性开支范围包括村干部报酬、交通差旅费、招待费、外出学习考察费、报刊费、会务费、通信费、培训费、日常办公费、文娱活动等各项费用。

（二）文娱活动费用

1. 加强老人活动在村集体经济中列支的资金管理。老人活动需要村集体经济列支的，须列出预算方案，提交成员代表会议讨论通过，讨论时说明详细用途、金额等。村集体经济组织列支的村级社团经费应在预算额度内按实报销。

2. 应当列为村集体经济组织收入的资产、资源、资金不得委托、挂靠或用变相手段以村级社团的名义收入。与村集体经济组织利益相关的赞助款不得挂靠村级社团收取。严禁以老人名义借村办公楼、宗祠落成之机大操大办、收受礼金。

3. 进一步规范农村做戏等文化娱乐活动支出。鼓励村级开展各类文化娱乐活动，但不得举债开展做戏等文化娱乐活动。使用村集体资金开展文化娱乐活动须经成员代表会议讨论通过，报乡镇（街道）批准。

（三）村级办公费用

1. 村集体经济组织严格执行公务零接待制度。严禁各村之间及村内以任何名义用集体资金相互宴请、赠送礼品及安排其他消费活动。村级会议一般不安排用餐，不得发放会议纪念品。各级、各部门在村召开的现场会、推进会、观摩会等产生的费用由会议主办单位承担。

2. 村集体不得组织无实质性内容、无明确考察目的的学习考察，严禁以外出学习考察名义借机变相公款旅游。村集体确因工作需要，组织村干部［党员、村民（社员）代表］外出学习考察的，按有关规定进行申报审批。擅自组织外出参观考察的，费用一律由当事人自负，并按有关规定追究责任。

3. 严格执行村级组织公费订阅报刊“限额”标准，并限于订阅党报党刊、农村经济发展等报刊，杜绝订阅娱乐性杂志。村级组织要及时制定报刊订阅预算，报乡镇（街道）审核同意后方可列支。凡超过限额的，乡镇（街道）农村集体“三资”管理服务中心不得报销入账，超额部分由征订当事人承担。

4. 党员会议不得领取误工补贴，包括村党支部改选、党代表选举、党员民主生活会、三会一课等。党员参加社员（村民）代表会议，除已发放固定补贴的村干部，可以领取误工补贴。充分发挥党员（社员、村民）代表的义务自觉性和为民奉献精神，逐步减少代表补贴发放金额。

（四）村干部报酬

1. 村干部报酬与工作绩效、日常管理任务挂钩，村级财会人员应享有合理的补贴和待遇保障。村干部报酬来源主要由财政补助和村级资金补贴，采用固定补贴或者实际误工补贴等方式发放。已领取财政固定报酬的主职干部不得再从村级领取补贴。

2. 村干部报酬补贴执行总额限制和集体决策制度。各乡镇（街道）要根据行政村规模大小、集体经济发展状况、工作职责和实绩等制订相应标准，各村由村务联席会议提出具体方案（包括发放工作报酬补贴的对象、人数、标准），经成员代表会议讨论通过，报乡镇（街道）批准，同时报农村集体“三资”管理机构备案。严禁村级违反规定巧立名目发放各类补贴、津贴、奖金。

3. 发放干部报酬补贴清册入账时必须提供成员代表会议决议记录，按实际误工补贴发放时还需要附详细的误工事由清单。已发放年固定补贴的村干部，不得以实际误工补贴名目重复发放补贴。

4. 市内差旅费执行限额包干，市外交通差旅费报销实行一程一报。出差伙食补贴和住宿费报销标准，参照财政部门制定的乡镇（街道）机关工作人员报销标准执行。

5. 增设村干部发展集体经济奖励。各乡镇（街道）可以按照项目的开拓性、创新性和工作难易度分类确定村干部计提奖励比例，制定相应的实施细则和奖励办法，报县（市、区）发展村级集体经济工作领导小组办公室备案。可提取奖励金的范围有：

（1）利用村集体土地、山林等资源参与旅游开发经营而获得收入的；

（2）利用村级闲置资金支持区重点工程建设和生产经营等发生增值的（不包括银行存款、理财等产生的收益）；

（3）利用村集体新建、固有或受托的资产（资源）等进行经营管理而发生增值的；

（4）利用村级闲置资金投资物业经济、服务经济、渔农业经济、旅游经济和电商电力经济等获得收入的。

当年个人奖励总额最高不超过 30 万元（含），各村总奖励金额控制在 80 万元以内（含）。

五、股权管理与收益分配

（一）社员登记

农村集体经济组织经营性资产股份合作制改革量化的份额为集体收益分配的依据，其性质为集体所有权派生的收益权的实现形式。村集体经济组织应当编制股权清册，包括户主姓名、股东、股权证编号、股权数额、股份金额等基本信息。农村集体资产股权发生变更的，村集体经济组织应当及时对集体资产股权变更信息进行登记，并将相关变更信息报乡镇（街道）。

（二）股权管理

1. 股权可以流转，包括继承和转让。除依法继承外，股权转让（包括有偿退出以及被金融机构行使质权而转让）须在本集体经济组织内部进行。村集体经济组织每个成员通过折股量化和转让持有的农村集体资产股权不得超过本组织股权总数的3%。

2. 股权可以依法继承。被继承人死亡后，其股权收益暂由村集体经济组织保管；继承人应在被继承人死亡后依照有关规定办理股权继承手续，待办妥股权继承手续后，补发股权收益。农村集体资产股权继承按照《中华人民共和国民法典》相关规定执行。无人继承又无人受遗赠的股权，在被继承人死亡后，其所持有股权归所在的村集体经济组织成员集体所有。

3. 继承开始后，继承人应当随带身份证明、被继承人死亡证明，以及遗嘱、遗产分割协议、公证书或者生效的法院裁判文书（包括判决书、调解书，下同）等确认股权继承份额的相关材料，向村集体经济组织办理股权继承和股权证书变更手续。

4. 继承人为非本集体经济组织成员的，其继承的股权仅作为农村集体资产收益分配的依据。

5. 农村集体资产股权持有人可以自愿将所持有的集体资产股权有偿让渡给本集体经济组织其他成员或者本集体经济组织。股权有偿退出有以下两种方式：集体赎回，是指股权持有人将股权退回给本村集体经济组织，由本集体经济组织对其股权进行收购；内部转让，是指股权持有人通过交易将其股权有偿转让给本集体经济组织其他成员。

6. 村集体经济组织成员可以以其持有的农村集体资产股权作为质押物担保申请贷款融资。股权质押担保应取得本村集体经济组织同意。具体操作按《浙江省农村集体资产股权管理暂行办法》执行。

（三）分配与分红

1. 村集体经济组织当年可分配的收益按弥补以前年度亏损、提取公积公益金、向成员分配收益、其他等顺序进行分配，其中公积公益金提取比例不得低于净收益的30%。成员分配实行“按股分红”，分配方案经乡镇（街道）农村集体“三资”管理机构审核后报成员（代表）会议讨论决定。

2. 征地补偿费、国家和村属企业或集体资产转让所得、外单位及个人捐助赞助、留用地指标折算的集体经济发展资金等款项不得列入当年收益分配。留归农村集体的土地补偿费用，纳入公积公益金科目进行核算，不得直接分配给集体经济组织成员。

3. 村股份经济合作社内部管理中如涉及对社员的经济处罚或应收款项，可以从该社员的股份分红中扣除。社员参加基本养老保险、合作医疗保险等由个人负担的费用，原则上不能用集体收益支付，更不能作为费用支出，但可以从股份分红中代缴。

六、民主监督与公开

（一）民主决策。凡涉及全体社员利益的重大事项，按照“五议两公开”制度规定履行民主决策程序，不断提升民主化水平。社管会应当每年接受组织生活会、社员（代表）大会对其履职情况的民主评议。社员代表可通过列席联席会议、公开招投标现场活动等方式，对村级经营性事务、村级组织及其成员履行经营管理职责行为进行监督。

（二）“三资”公开。村级组织要设置固定村务公开栏进行“三资”公开，公布内容须保留15日以上。加大“阳光公开”场景应用，以数字化改革把“三资”公开穿透到村、到户、到人。有效运用“三资”公开栏及广播电视、手机应用等现代信息媒介，将集体资产管理运行情况以多种形式进行公开。畅通阳光公开投诉质疑渠道，建立快速响应机制，鼓励开展村级财务“督查日”“质询日”等活动，主动接受群众监督。

（三）加强监督。社监会要积极发挥监督作用，会同村务监督委员会，定期检查村级财务开支和公开、村级资产管理、村级工程项目建设、惠农政策落实等情况。社监会对有疑点的票据，应要求有关人员解释；对拒报的票据，应说明拒报理由。拒报票据存在异议的，驻村（社）干部应督促社管会书面提请乡镇（街道）农村集体“三资”管理工作领导小组办公室裁定。

（四）责任倒查。推行社监会定期报告制度和倒查制度，每月向党员、社员代表报告监督情况，对村干部涉及集体资产管理违纪违法、社务管理出现严重问题的，倒查社监会主任责任。

（五）农村审计。县级农业农村主管部门或乡镇（街道）可以采用直接审计、交叉审计、第三方中介机构审计等方式开展农村集体经济审计，重点对村级财务管理制度执行、财务收支和收益分配、承包租赁转让等合同签订履行、集体土地征收征用补偿费分配使用、农村债务、村集体专项资金提取使用等情况开展审计监督，及时公布审计结果。原则上村级组织一届内审计不少于 2 次，发生重大信访事项和村干部离任必审。

七、财务人员

（一）稳定代理会计队伍。根据业务量合理配置代理会计数量，一般每人代理村数不超过 5 个；推行代理会计定期驻村、定期走访调研等制度，加强对村级财务实质性审查；有条件的地方可通过购买服务方式，委托有资质的第三方机构实施代理服务，完善会计委托代理工作人员职业化管理。

（二）健全村级财会人员队伍。每个村集体经济组织应配备村报账员，参照享受财政补贴的村干部标准和工作量大小确定报酬待遇，原则上不低于“一肩挑”报酬的二分之一。村报账员负责集体资产的登记、统计和财务报账、财务会计档案保管等事务。村主要干部的直系亲属及配偶不得担任本村财务人员。

（三）要保持村集体经济组织财务人员的相对稳定。村报账员的任用与调换，由村党组织提出，经村务联席会议研究后，提交社员（代表）会议通过后，报乡镇（街道）批准。村报账员任期内无正当理由不得随意调整，确需调整的，必须办理交接手续，并无条件移交会计资料，村报账员的交接应由所在乡镇（街道）农经或代理会计人员在场监交。

（四）财务人员要遵守财经纪律。严格执行财务制度，勤奋学习，钻研业务，按时记账、结报账目，定期盘点现金财物，做到账账、账表、账实、账款、账证“五相符”。乡镇（街道）农村集体“三资”管理机构对原始凭证及相关资料，要严格审核把关，对不符合有关规定的予以退回，督促报账员及时予以更正、补充。

八、会计档案管理

村集体经济组织应当建立财务会计档案管理制度，保证财务会计资料的完整和真实。村财务人员或者其他相关经营管理人员调整的，财务会计资料和财务印章应当及时移交。

乡镇（街道）农村集体“三资”管理机构和村集体经济组织应按照财政部《会计档案管理办法》，做好会计资料的建档、保管、销毁、移接交等工作。建立“会计资料档案室”，妥善保存村集体经济组织会计档案。乡镇（街道）农村集体“三资”管理机构应建立会计档案查阅登记簿并落实专人负责。

九、附则

本办法自 2022 年 2 月 10 日开始实施，有效期至 2024 年 12 月 31 日。

【原文】 **第十七条　农村集体经济组织应当按照有关法律、法规、政策以及组织章程加强固定资产购建、使用、处置管理，落实经营管理责任，依法合规计提折旧。在建工程项目验收合格、交付使用后，应当及时办理竣工决算手续。**

【解读】 2009 年 6 月 8 日，农业部颁布的《农业部关于进一步加强农村集体资金资产资源管理指导的意见》（农经发〔2009〕4 号）在“健全农村集体资产管理制度”中明确要求建立资产清查制度，资产台账制度，资产评估制度、资产承包、租赁、出让制度，资产经营制度。并在资产台账制度中明确要求“集体所有的房屋、建筑物、机器、设备、工具、器具和农业基本建设设施等固定资产，要按资产的类别建立固定资产台账，及时记录资产增减变动情况。资产台账的内容主要包括：资产的名称、类别、数量、单位、购建时间、预计使用年限、原始价值、折旧额、净值等。实行承包、租赁经营的，还应当登记承包、租赁单位（人员）名称，承包费或租赁金以及承包、租赁期限等。已出让或报废的，应当及时核销”。

原农业部等九部委联合下发的《农业部 财政部 国土资源部 水利部 国家林业局 教育部 文化部 国家卫生计生委 体育总局关于全面开展农村集体资产清产核资办法》（农经发〔2017〕11 号）附件 1《农村集体资产清产核资办法》第八条中明确，要建立集体资产登记制度，按照资产类别建立台账，及时记录增减变动情况；建立资产保管制度，明确资产管理和维护方式，以及责任主体等；建立资产使用制度，明确资产发包、租赁等经营行为必须履行民主程序，实行公开协商或招标投标，强化经济合同管理，清理纠正不合法、不合理的合同；建立资产处置制度，明确资产处置流程，规范收益分配管理；要建立健全年度资产清查制度和定期报告制度，以后每年末开展一次资产清查，掌握资产变动情况，清查结果及时上报。

2006 年 12 月 4 日财政部颁布的《企业财务通则》（财政部令第 41 号）第 26 条明确要求，企业应当建立固定资产购建、使用、处置制度。企业自行选择、确定固定资产折旧办法，可以征询中介机构、有关专家的意见，并由投资者审议批准。固定资产折旧办法一经选用，不得随意变更。确需变更的，应当说明理由，经投资者审议批准；企业在建工程项目交付使用后，应当在一个年度内办理竣工决算。

本制度要求农村集体经济组织按照有关法律、法规、政策以及组织章程规定，加强固定资产购建、使用、处置管理，落实经营管理责任，依法合规计提折旧；工程项目验收合格、交付使用后，应当及时办理竣工决算手续。既是对农经发〔2017〕11 号文件的承继，有利于集体经济组织固定资产管理更加科学、规范，实现集体资产高效管理，促进集体资产运营效率稳步提高；同时，也是与《企业财务通则》的协同，更加有利于财务信息的可比性。

从目前农村集体经济组织管理实践来看，农村集体经济组织的固定资产管理制度仍待进一步细化，可以从固定资产范围及分类、固定资产管理职责与审批权限、固定资产的购置、固定资产验收、固定资产保管、固定资产转移、固定资产折旧的计提、固定资产定期盘点、固定资产的处置、在建工程的验收与竣工决算、违反固定资产管理相关规定的处罚等方面进行具体细化。

从会计核算上看，《企业会计准则第 4 号——固定资产》对固定资产的计价原则、折旧的计提、后续计量、关于固定资产的处置以及在建工程的竣工验收与报废损失处理均做了详细规定，可以提供参考：

1. 关于固定资产的计价原则

（1）购入的固定资产，不需要安装的，应当按照购买价款和采购费、应支付的相关税费、包装费、运输费、装卸费、保险费以及外购过程发生的其他直接费用计价；需要安装或改装的，还应当加上安装费或改装费。

（2）新建的房屋及建筑物、农业农村基础设施等固定资产，应当按照竣工验收的决算价计价。

（3）成员出资投入的固定资产，应当根据有关规定和合作社章程规定，按照有关凭据注明的金额加上相关税费、运输费等计价；没有相关凭据的，经过全体成员评估作价或由第三方机构评估作价、成员（代表）大会表决通过后，按照全体成员确认的价值计价。

（4）收到国家财政直接补助的固定资产（包括以前年度收到或形成但尚未入账的）或者他人捐赠的固定资产，应当按照有关凭据注明的金额加上相关税费、运输费等计价；没有相关凭据的，按照资产评估价值或者比照同类或类似固定资产的市场价格，加上相关税费、运输费等计价。如无法采用上述方法计价的，应当按照名义金额计价，相关税费、运输费等计入其他支出，同时在备查簿中登记说明。

（5）盘盈的固定资产，应当按照同类或类似固定资产的市场价格或评估价值，扣除按照该项固定资产新旧程度估计的折旧后的余额计价。

2. 对于固定资产折旧

（1）合作社应当对所有的固定资产计提折旧，但以名义金额计价的固定资产除外。

（2）合作社应当对固定资产原价（成本）扣除其预计净残值后的部分在固定资产使用寿命内按照年限平均法或工作量法计提折旧，并根据固定资产的受益对象计入相关资产成本或者当期损益。合作社应当根据固定资产的性质和使用情况，合理确定固定资产的使用寿命和预计净残值。固定资产的使用寿命、预计净残值和折旧方法一经确定，不得随意变更。

（3）合作社应当按月计提固定资产折旧，当月增加的固定资产，当月不计提折旧，从下月起计提折旧；当月减少的固定资产，当月仍计提折旧，从下月起不再计提折旧。固定资产提足折旧后，不论能否继续使用，均不再计提折旧；提前报废的固定资产，也不再补提折旧。

3. 对于固定资产的后续计量：

（1）固定资产的修理费用直接计入有关支出项目。

（2）固定资产的改建支出，应当计入固定资产的成本，并按照重新确定的固定资产成本以及重新确定的折旧年限计算折旧额；但已提足折旧的固定资产改建支出应当计入长期待摊费用，并按照固定资产预计尚可使用年限采用年限平均法分期摊销。固定资产的改建支出，是指改变房屋或者建筑物结构、延长使用年限等发生的支出。

4. 关于固定资产的处置

（1）合作社处置固定资产时，处置收入扣除其账面价值、相关税费和清理费用后的净额，应当计入其他收入或其他支出。固定资产的账面价值，是指固定资产原价（成本）扣减累计折旧后的金额。

（2）盘盈固定资产实现的收益应当计入其他收入。盘亏固定资产发生的损失应当计入其他支出。

5. 关于在建工程的竣工验收与报废损失处理

（1）合作社的在建工程是指尚未完工的工程项目。在建工程按实际发生的支出或应支付的工程价款计价。形成固定资产的在建工程完工交付使用时，计入固定资产。

（2）在建工程部分发生报废或者毁损，按照扣除残料价值、责任人和保险公司赔偿后的净损失，计入工程成本。单项工程报废以及由于自然灾害等非常原因造成的报废或者毁损，其净损失计入其他支出。

【原文】 **第十八条 农村集体经济组织应当按照有关法律、法规、政策以及组织章程加强集体的牲畜、林木等生物资产管理，做好增减、摊销、死亡毁损等核算工作，落实经营管理责任。**

【解读】 生物资产作为一种特殊形态的资产，有着其特殊的自然属性和价值属性，具体表现为[①]：

1. 生物转化性和自然增殖性。生物资产是活的动物和植物，因此其自身具有生长、发育、繁殖和衰退的自然规律，它依靠这些自然规律和人的劳动的推动来实现自身的转化，如由一粒种子长成一棵大树。又由于生物资产是自然再生产与经济再生产相互交织作用的结果，因此生物资产在生长过程中不断地自然增殖。

2. 生长周期性。生物资产是活的动物和植物，由于其自身的特殊生长规律，其生长都要经历从繁育、成长、成熟、蜕化、消亡等几个阶段，即是具备生命周期的资产。并且不同的生物资产其生命周期也存在差异性，有的生物资产周期很长，如林木，长达十几年甚至上百年，有的生物资产周期又很短，如一般的农作物，在一年

① 资料来源：https：//baike. baidu. com/item/% E7% 94% 9F% E7% 89% A9% E8% B5% 84% E4% BA% A7/4023942.

以内。

3. 多样性。不同的生物资产具有各自的生长、发育特点，而且差异非常明显，如植物和动物就具有完全不同的生长发育规律。

4. 地域差异性。动物和植物均依赖于自然环境而存在，不同地区自然条件导致了生物资产的地域性。如农作物和森林资产是在地球的某一地理位置上生长，因而附属于该地域的温度、湿度、光照、降水、土壤肥沃程度等自然条件的差异都将影响农作物和森林的生长潜力和未来产品的数量、质量。因此，不同地域的生物资产呈现出地域差异性。

5. 提供副产品的特性。某些生物资产可以提供多种农副产品，如奶牛就提供牛奶这种副产品。但是同一种类的动物或植物提供的副产品在数量、质量上都具有相当大的差异。

6. 附着物不可分割性。生物资产作为活的动物或植物，一般具有与其附着物不可分割的特性。如森林、农作物依附着土地，鱼类、海洋生物依附着江河水系等。一旦这些生物资产与其附着物分开，它们将不再属于生物资产的范畴，如生物资产的收获和死亡。

7. 双重资产特性。生物资产具有流动性资产（消耗性生物资产）和长期性生物资产（生产性生物资产和公益性生物资产）的双重特性。并且在一定情况下可以相互转化。如牛、羊等生物资产在人类以取得肉、皮等产品为目的时，这些牛羊只能利用一次，价值一次性地转移，即具有流动性资产的性质；当人类以取得毛、乳等产品为目的时，这些牛羊可以反复利用，价值逐步转移，即具有长期性资产的性质；但是一般来说，公益性资产都具有长期性资产的性质，如防风固沙林、水源涵养林等，都是具有很长的生长周期和价值收回期。

8. 未来经济利益不确定性。生物资产在存续期间存在很多不确定因素，如农作物受自然条件的制约，特别是洪水、飓风等自然灾害对农作物的生长发育以及产出有很大的危害，动物疾病的发生等也使生物资产的未来经济利益具有很大的不确定性、高风险性。

2006年2月15日，财政部发布了《企业会计准则第5号——生物资产》，将生物资产分为消耗性生物资产、生产性生物资产和公益性生物资产。消耗性生物资产包括生长中的大田作物、蔬菜、用材林以及存栏待售的牲畜、鱼虾贝类等为出售而持有的、或在将来收获为农产品的生物资产。生产性生物资产包括经济林、薪炭林、产畜和役畜等为产出农产品、提供劳务或出租等目的而持有的生物资产。公益性生物资产包括防风固沙林、水土保持林和水源涵养林等以防护、环境保护为主要目的的生物资产，并对生物资产的确认和初始计量、后续计量、收获与处置等进行了明确。以下可供参考：

1. 计价原则：

（1）购入的生物资产应当按照购买价款、应支付的相关税费、运输费以及外购过程发生的其他直接费用计价。

（2）自行栽培、营造、繁殖或养殖的消耗性生物资产，应当按照下列规定确定其成本：

自行栽培的大田作物和蔬菜的成本，包括在收获前耗用的种子、肥料、农药等材料费、人工费和应分摊的间接费用等必要支出。

自行营造的林木类消耗性生物资产的成本，包括郁闭前发生的造林费、抚育费、营林设施费、良种试验费、调查设计费和应分摊的间接费用等必要支出。

自行繁殖的育肥畜的成本，包括出售前发生的饲料费、人工费和应分摊的间接费用等必要支出。

水产养殖的动物和植物的成本，包括在出售或入库前耗用的苗种、饲料、肥料等材料费、人工费和应分摊的间接费用等必要支出。

（3）自行营造或繁殖的生产性生物资产，应当按照下列规定确定其成本：

自行营造的林木类生产性生物资产的成本，包括达到预定生产经营目的前发生的造林费、抚育费、营林设施费、良种试验费、调查设计费和应分摊的间接费用等必要支出。

自行繁殖的产畜和役畜的成本，包括达到预定生产经营目的（成龄）前发生的饲料费、人工费和应分摊的间接费用等必要支出。

达到预定生产经营目的，是指生产性生物资产进入正常生产期，可以多年连续稳定产出农产品、提供劳务或出租。

（4）自行营造的公益性生物资产，应当按照郁闭前发生的造林费、抚育费、森林保护费、营林设施费、良种试验费、调查设计费和应分摊的间接费用等必要支出计价。

（5）成员出资投入的生物资产，应当根据有关规定和合作社章程规定，按照有关凭据注明的金额加上相关税费、运输费等计价；没有相关凭据的，经过全体成员评估作价或由第三方机构评估作价、成员（代表）大会表决通过后，按照全体成员确认的价值计价。

（6）收到国家财政直接补助的生物资产（包括以前年度收到或形成但尚未入账的）或者他人捐赠的生物资产，应当按照有关凭据注明的金额加上相关税费、运输费等计价；没有相关凭据的，按照资产评估价值或者比照同类或类似生物资产的市场价格，加上相关税费、运输费等计价。如无法采用上述方法计价的，应当按照名义金额（人民币1元，下同）计价，相关税费、运输费等计入其他支出，同时在备查簿中登记说明。

【案例4-2】 2022年2月，A农村集体经济组织从市场上一次性购买了5头种马、10头种猪和500头猪苗，单价分别为20 000元、5 000元和600元，支付的价款共计450 000元，此外，发生的运输费为6 000元，保险费为7 500元，装卸费为4 500元，款项全部以银行存款支付。有关计算如下：

（1）确定应分摊的运输费、保险费和装卸费等间接费用

分摊比例 =（6 000 + 7 500 + 4 500）÷ 450 000 = 4%。因此：

5头种马应分摊：（5 × 20 000）× 4% = 4 000（元）

10头种猪应分摊：（10 × 5 000）× 4% = 2 000（元）

500 头猪苗应分摊：（500 ×6 000） ×4% =1 200（元）

（2）确定种马、种猪和猪苗的入账价值

5 头种马的入账价值：（5 ×20 000） +4 000 =104 000（元）

10 头种猪的入账价值：10 ×5 000 +2 000 =52 000（元）

500 头猪苗的入账价值：500 ×600 +12 000 =312 000（元）

A 农村集体经济组织的账务处理如下：

借：生产性生物资产——种马	104 000	
——种猪	52 000	
消耗性生物资产——猪苗	312 000	
贷：银行存款		468 000

2. 关于生物资产的折旧

（1）合作社应当对所有达到预定生产经营目的的生产性生物资产计提折旧，但以名义金额计价的生产性生物资产除外。

（2）对于达到预定生产经营目的的生产性生物资产，合作社应当对生产性生物资产原价（成本）扣除其预计净残值后的部分在生产性生物资产使用寿命内按照年限平均法或工作量法计提折旧，并根据其受益对象计入相关资产成本或者当期损益。合作社应当根据生产性生物资产的性质和使用情况，合理确定生产性生物资产的使用寿命和预计净残值。生产性生物资产的使用寿命、预计净残值和折旧方法一经确定，不得随意变更。

（3）合作社应当按月计提生产性生物资产折旧，当月增加的生产性生物资产，当月不计提折旧，从下月起计提折旧；当月减少的生产性生物资产，当月仍计提折旧，从下月起不再计提折旧。生产性生物资产提足折旧后，不论能否继续使用，均不再计提折旧；提前处置的生产性生物资产，也不再补提折旧。

【案例 4 -3】不发达地区的 B 农村集体经济组织 2021 年使用耕牛耕土地 10 亩用于小麦和玉米的种植，其中 6 亩种植玉米、4 亩种植小麦。该耕牛原值为 50 000 元，预计净残值为 0 元，耕牛的生命周期一般约为25年，其中可耕地年限约为20年，在使用寿命内按照平均年限法计提折旧。有关计算如下：

应当计提的耕牛折旧＝50 000÷20＝2 500（元）

玉米应当分配的耕牛折旧费＝6÷（6+4）×2 500

＝1 500（元）

小麦应当分配的耕牛折旧费＝6÷（6+4）×2 500

＝1 000（元）

B农村集体经济组织的2021年账务处理如下：

借：消耗性生物资产——玉米　　1 500

　　　　　　　　——小麦　　1 000

　贷：累计折旧——耕牛　　2 500

3. 生物资产的处置

合作社的生物资产死亡毁损时，处置收入、可收回的责任人和保险公司赔偿的金额扣除其账面价值、相关税费和清理费用后的净额，应当计入其他收入或其他支出。

生产性生物资产的账面价值，是指生产性生物资产原价（成本）扣减累计折旧后的金额。

【案例4－4】2022年2月，B农村集体经济组织购进的耕牛因突发疫情死亡。该耕牛原值为50 000元，已提折旧10 000元，预计处置费用为500元。有关计算如下：

耕牛的账面价值＝50 000－10 000＝40 000（元）

耕牛死亡的清理费用＝500元

B农村集体经济组织的账务处理如下：

借：其他支出——耕牛死亡损失　　40 500

　　累计折旧——耕牛　　10 000

　贷：生产性生物资产——耕牛　　50 000

　　　银行存款　　500

由于无形资产有其特殊属性，管理也相对复杂，从目前管理实践来看，农村集体经济组织对牲畜、林木等资产的管理还比较薄弱。初始确认一般只有在实际支付款项时才予以确认，初始计量也一般采用历史成本计价；但嗣后确认和后续计量往往因为会计人员能力限制或规范文件不完善而没有及时进行。本制度强调农村集体经济组织应当加强集体的牲畜、林木等生物资产管理，做好增减、摊销、死亡毁损等核算工作，落实经营管理责任。正是针对目前财务管理的现实情况做出的具体安排。

【原文】 **第十九条　农村集体经济组织应当按照有关法律、法规、政策明确无形资产权属及价值，纳入账内核算，落实经营管理责任，依法合规进行摊销。**

【解读】 1996年3月14日，财政部颁布的《村合作经济组织财务制度（试行）》（财农字〔1996〕50号）第三十七条将无形资产、递延资产及其他长期资产统一归并为村合作经济组织的其他资产。并明确，无形资产是指村合作经济组织长期使用但是没有实物形态的资产，包括专利权、商标权、著作权、土地使用权、非专利技术、商誉等。对于无形资产的计价，要求按取得时的实际成本计价，并从使用之日起，按照不少于10年的期限平均摊销，计入管理费用。对转让无形资产取得的收入，要求计入其他收入，其成本计入其他支出；但对转让的土地使用权收入，要求应计入公积金。

原农业部等九部委于2017年12月联合颁布的《农业部 财政部 国土资源部水利部 国家林业局 教育部 文化部 国家卫生计生委 体育总局关于全面开展农村集体资产清产核资工作的通知》（农经发〔2017〕11号）附件1《农村集体资产清产核资办法》将农村集体经济组织无形资产划分为各项专利权、商标权、非专利技术等。《农村集体资产清产核资办法》对账外无形资产入账价值以及处理程序等做了详细规定，要求对未纳入会计核算或无原始凭证的资产进行资产估价，对账面价值与实际价值背离较大的资产，可以进行价值重估；要求资产估价和价值重估结果需经成员（代表）大会民主表决通过；对资产估价和价值重估，要坚持实事求是，严格执行国家有关政策和技术标准，不得随意多估或少估，并报乡镇农村经营管理部门备案。

由于无形资产不具有实物形态，无形投资具有扩展性、沉落性、外溢性和协同性[①]等特点，无形投资显著不同于有形投资。无形投资的资本性支出属性长期被忽视；以及会计制度谨慎性的要求，无形投资按费用化而不是资本化的处理模式，导致某些对投资主体未来发展和价值创造的非常重要的创造型无形资产游离资产负债表之外。其次，随着市场经济的发展和农村城镇化的不断推进，农村集体经济组织越来越多参与市场竞争和进入生态旅游、房产租赁、物业服务等新型业态。新型业态下的行业地位对于财务主体的资源获取、资源配置都将产生“赢家通吃”效应，而农村集体经济组织对于行业地位的经济价值，既缺乏确认依据，也缺乏计量标准。再次，随着数字经济时代的来临，农村集体经济组织（尤其是发达地区的农村集体经济组织）开始越来越多地参与数字化建设，参与知识与信息的创造与分配，而这种智慧资本对集体经济组织的推动往往是飞跃性的，但长期以来对智慧资本内在经济价值的忽视，导致智慧资本无法客观反映在财务报告之中。这些直接导致农村集体经济组织对无形资产管理意识不强、确认与计量缺乏与无形资产发展相适应的制度规则、无形资产价值背离等情况大量存在。

本制度强调农村集体经济组织应按照有关法律、法规、政策明确无形资产权属及价值，纳入账内核算，落实经营管理责任，依法合规进行摊销。能有效提高集体经济组织对无形资产认识，确保无形资产账实相符。

---

① （Haskel and Westlake，2018）指出：扩展性是指无形资产投资形成的资产可以在众多地点反复使用而不降低其效用。沉落性是指无形投资决策一旦做出便不可更改，因为其所形成的资产在通常情况下难以出售。外溢性是指无形投资形成的效益往往惠及投资方以外的其他攸关方；协同性是指无形投资得益于企业之间之间创意和研发的共享。

【原文】 第二十条 农村集体经济组织对外投资应当遵守有关法律、法规和政策规定，符合农村集体经济组织发展规划，履行民主程序，做好风险评估和控制，进行严格管理。

【解读】 投资管理，是指农村集体经济组织根据自身战略发展规划，以价值最大化为目标，对将资金投入营运进行的管理活动[①]。投资管理是财务管理的主要内容之一，投资管理包括投资管理的机构、责任与权限、投资论证与决策、投资实施、投资结果评价，以及投资考核和奖惩等内容。

农村集体经济组织的投资管理，首先，必须符合农村集体经济组织发展规划，有利于盘活农村集体存量资产，增加集体经济组织成员收入；有利于壮大农村集体经济实力，增强集体经济组织为成员服务的功能；切实维护农村集体经济组织及其成员的合法权益。

其次，必须严格履行民主程序，做好风险评估和控制，进行严格管理。2004 年 6 月 22 日，两办联合下发《中共中央办公厅、国务院办公厅关于健全和完善村务公开和民主管理制度的意见》（中办发〔2004〕17 号）明确要求进一步规范民主决策机制，保障农民群众的决策权。凡是与农民群众切身利益密切相关的事项，如村集体的土地承包和租赁、集体企业改制、集体举债、集体资产处置、村干部报酬、村公益事业的经费筹集方案和建设承包方案等，都要实行民主决策，不能由个人或少数人决定。村民委员会的设立、撤并、范围调整，由乡级人民政府提出意见后，必须经村民会议讨论同意，并报县级人民政府批准。已实行股份制或股份合作制改革的村，要按照改革后的有关要求进行民主决策和民主监督。2006 年 8 月 23 日，农业部颁发的《关于进一步加强和规范村级财务管理工作的暂行办法》在“切实履行民主决策程序”中明确要求，农村各集体经济组织的成员大会或成员代表大会是决定该集体

---

① 参见《管理会计应用指引第 500 号——投融资管理》。

经济组织重大财务活动和财务事项的最高权力机构。凡关系集体经济组织各成员切身利益的事项，如集体土地征用、变卖、出租，集体企业改制，干部报酬，大额举债，大、中型固定资产的变卖和报废处理，“一事一议”筹资筹劳等重大事项，都必须经农村集体经济组织成员大会或成员代表大会讨论决定。2009 年 6 月 8 日，农业部颁布的《农业部关于进一步加强农村集体资金资产资源管理指导的意见》（农经发〔2009〕4 号）中再次强调要强化民主管理和民主监督，集体经济组织的年度财务预算和决算，年度收益分配方案，集体资金、资产、资源经营方式的确定及变更，购置或者处分重要固定资产，重大投资项目或举债，集体产权制度改革，以及其他有关集体资金、资产、资源管理的重大事项，都要依法召开本集体经济组织成员的全体村民会议或村民代表会议，履行民主程序。

目前，随着集体经济组织经济实力不断壮大，有条件的村集体经济组织将闲置的资金、实物资产、无形资产等进行对外投资，在给村集体经济组织成员创造更多经济利益的同时，也存在由于前期未实施科学合理的投资决策、民主程序履行不到位、未根据国家有关规定合理确定投资价值、签订投资协议或合同双方权利和义务不明确、对被投资企业监督和管理不到位等问题，导致对外投资存在较大风险。

本制度强调农村集体经济组织对外投资应当遵守有关法律、法规和政策规定，符合农村集体经济组织发展规划，严格履行民主程序，加强投资管理，做好风险评估和控制，防范投资风险，确保集体资产的保值和增值。

【原文】　**第二十一条　农村集体经济组织应当对发生产权转移的厂房、设施、设备等大宗资产及集体土地使用权，未纳入账内核算的、非货币资产对外投资的或其他特定目的的资产进行价值评估。**

【解读】　价值评估是指专业的机构或评估人员，遵循法定或公允的标准和程序，运用科学的方法，以货币作为计算权益的统一尺度，对在一定时点上的资产进行评定估算的行为。对发生所有权或使用权转移的集体资产进行价值评定估算，其评估结果应按权属关系经集体经济组织成员（代表）大会确认。公正、客观、规范的集体资产评估报告，是维护农村集体资产所有者和经营者合法权益的有效保障，是避免集体资产流失或损失的重要手段。

2003 年 12 月 4 日，农业部、民政部、财政部、审计署联合下发《关于推动农村集体财务管理和监督经常化规范化制度化的意见》（农经发〔2003〕11 号）明确要求，集体土地、厂房、设施、设备等发生产权转移时，必须经过农村集体资产管理部门和具有评估资质的单位按照程序科学评估，按照市场原则确定价格。2006 年 9 月 22 日，中共中央纪委等四部委联合下发《中共中央纪委 监察部 财政部 农业部关于进一步规范乡村财务管理工作的通知》（中纪发〔2006〕24 号）再次强调，集体土地、厂房、设施、设备等发生产权转移时，必须经过农村集体资产管理部门和具有评估资质的单位按照程序科学评估，按照市场原则确定价格。

2017 年 12 月 26 日颁布的《农业部 财政部 国土资源部 水利部 国家林业局 教育部 文化部 国家卫生计生委 体育总局关于全面开展农村集体资产清产核资工作的通知》（农经发〔2017〕11 号）附件 1《农村集体资产清产核资办法》中明确，集体经济组织成员集体所有的未纳入会计核算或无原始凭据的资产要进行资产估价。

本制度除沿袭上述政策规定，要求对发生产权转移的厂房、设施、设备等大宗资产及集体土地使用权，以及未纳入账内核算的资产进行价值评估外，还将集体经济组织以非货币资产对外投资，以非货币资产用于其他特定目的的等情形的，均要求进行价值评估，以督促集体经济组织建立资产价值评估机制，提高集体资产管理的效率与质量，更好地实现集体资产利用最大化，推动农村经济发展，实现农民增收，促进社会公平。

在管理实践中，城镇化进程较快地区（尤其是发达地区城郊）

的农村集体经济组织在以集体土地使用权进行合作分回房产、租赁合同到期收回的租赁方购建建筑物等，由于通过评估作价入账将涉及高额税费负担，农村集体经济组织在取得大额资产却没有现金流流入的情况下，往往因无力承担高额的税费而不愿将该等资产入账，导致大额账外资产长期未能纳入账内核算和监督，亟待有关部门出台相关政策，以促进农村集体经济组织的资产管理和财务监督。

【原文】　**第二十二条　农村集体经济组织以出售、置换、报废等方式处置资产时，应当按照有关法律、法规和政策规定的权限与程序进行。发生的资产损失，应当及时核实，查清责任，追偿损失，并进行账务处理。**

【解读】　2006年8月23日，农业部颁布的《关于进一步加强和规范村级财务管理工作的暂行办法》在“切实履行民主决策程序”中明确要求，农村各集体经济组织的成员大会或成员代表大会是决定该集体经济组织重大财务活动和财务事项的最高权力机构。凡关系集体经济组织各成员切身利益的事项，如大、中型固定资产的变卖和报废处理等重大事项，都必须经农村集体经济组织成员大会或成员代表大会讨论决定。2009年6月8日，农业部颁布的《关于进一步加强农村集体资金资产资源管理指导的意见》（农经发〔2009〕4号）中再次强调要强化民主管理和民主监督，购置或者处分重要固定资产，以及其他有关集体资金、资产、资源管理的重大事项，都要依法召开本集体经济组织成员的全体村民会议或村民代表会议，履行民主程序。

2017年12月26日颁布的《农业部 财政部 国土资源部 水利部 国家林业局 教育部 文化部 国家卫生计生委 体育总局关于全面开展农村集体资产清产核资工作的通知》（农经发〔2017〕11号）附件1《农村集体资产清产核资办法》第二十七条明确，集体经济组织要根据《村集体经济组织会计制度》等有关规定，对清产核资中发现的账款不符、账实不符、账证不符等问题及时进行账务处理。对存货、农业资产、固定资产的盘盈或盘亏，在建工程的报废或毁损等，必须查明原因，落实责任，经集体经济组织成员（代表）大会讨论通过，报乡镇农村经营管理部门审核批准后，按照会计制度进行账务处理。盘盈计入其他收入，盘亏计入其他支出；数额较大的，可作为增减公积公益金处理，同时调整账簿记录。

本制度要求集体经济组织处置资产时应当按照有关法律、法规和政策规定的权限与程序进行的同时，增加了“发生的资产损失，应当及时核实，查清责任，追偿损失，并进行账务处理”的规定，这对于夯实资产管理人员责任、提高资产管理效率，保障农村集体经济组织资产安全、完整具有重要意义。

【原文】 **第二十三条　农村集体经济组织依法依规对外投资或进行集体资产转让、发包、租赁等情形时，应当签订书面合同，明确双方的权利义务，合理确定价格。**

农村集体经济组织以及农村集体经济组织经营管理人员，不得以本集体资产为其他单位和个人提供担保。

【解读】 《中华人民共和国民法典》第六条规定，民事主体从事民事活动，应当遵循公平原则，合理确定各方的权利和义务。农业部2009年6月8日颁布的《关于进一步加强农村集体资金资产资源管理指导的意见》（农经发〔2009〕4号）明确要求，集体资产实行承包、租赁、出让应当制定相关方案，明确资产的名称、数量、用途，承包、租赁、出让的条件及其价格，是否招标投标等事项；同时履行民主程序。集体资产承包、租赁、出让经营时，应当签订经济合同，明确双方的权利、义务、违约责任等，并向全体成员公开。经济合同及有关资料应当及时归档并报镇农村经营管理站备案。

目前，集体经济组织存在重要经济事项没有签订经济合同、经济合同签订未履行民主程序、部分经济合同期限超过法定期限，或合同条款存在严重缺陷（如标的不明确、重要内容缺失、期后权利义务约定不明晰、违约责任和合同解除情形约定不清等）、合同履行不到位（如款项未及时收取、违约责任不追究等）、合同价格确定不合理（如未按规定进行资产评估、低价出租等）、违规担保等情形。

本制度强调农村集体经济组织对外投资或进行集体资产转让、发包、租赁等情形时，应当签订书面合同，明确双方的权利义务，合理确定价格，不得以本集体资产为其他单位和个人提供担保，有利于集体经济组织进一步规范合同管理，确保合同公开透明、合法完整、权责清晰、便于履行。同时各级农经部门、审计部门应加强对农村集体经济组织合同管理情况的监督检查，及时发现问题，督促整改。逐步提高经济合同管理水平，维护集体利益，对造成重大损失的，应依法追究行政责任、法律责任和经济责任。

【案例4－5】 泰安市农业农村局对农村集体经济组织承包合同的整顿要求[①]。

关于开展农村集体经济承包合同问题重点整治工作方案

各县（市、区）农业农村局（农经服务中心、乡村振兴促进中心），泰安高新区、泰山景区和徂汶景区社会事务服务中心：

为进一步加强农村集体“三资”管理，切实规范农村集体经济行为，从根本上解决侵害村集体和农民群众利益问题，市农业农村局根据市纪委关于深化拓展漠视侵害群众利益问题专项整治工作部署安排，结合我市实际，决定在全市开展农村集体经济承包合同问题重点整治工作。现制定方案如下。

一、总体要求

本次农村集体经济承包合同问题重点整治，是对农村集体“三

① 资料来源：http：//nyncj. taian. gov. cn/art/2020/6/9/art_ 166827_ 10086805. html.

资”清理工作的深化，根本目的是进一步巩固“三资”清理成果，依法规范集体经济行为，努力为农村社会稳定和经济发展保驾护航。整治范围是村集体经济组织与承包经营者签订的所有涉及集体资产资源的经济合同，主要包括集体农用地（含通过集体统一流转的农户承包土地）、建设用地等资源和集体房屋、机械设备、设施等资产的承包、租赁。

二、需要把握的原则

（一）坚持依法依规、分类施策。严格按照《合同法》《物权法》《农村土地承包法》《土地管理法》《山东省农村集体经济承包合同管理条例》等法律法规签订、变更、废止合同，保障合同双方当事人的合法权益。

（二）坚持尊重历史、兼顾现实。由于每份合同的形成都有其相应的历史背景，对合同审查要实事求是，特别是对合同价款、期限等关键要素，不能简单草率下结论。要注重搞好合同双方协调，积极稳妥依法进行。

（三）坚持公开民主、公平公正。整治过程和结果要及时公开，积极调动农民群众积极性，充分发挥民主，争取群众认可，接受群众监督，确保整治工作的公平公正。

三、重点整治的问题

（一）签订程序方面

1. 是否符合法律法规和政策的要求，坚持公平、自愿、公开。

2. 涉及重大经济行为或重要资产资源的出租、发包等是否履行村级重大事项“四议两公开”程序，乡镇人民政府履行监督指导职能是否到位。

3. 是否经农村产权交易必要流程进行公开招投标、竞价、协商等。

（二）合同内容方面

4. 合同签订主体是否具备签订及履行合同的合法资格，是否标明当事人的名称或者姓名和住所。

5. 合同标的是否清晰，是否明确位置、数量和质量等相关信息；资源类合同是否明确土地性质和用途，是否符合土地利用规划。

6. 合同约定期限是否规范，是否存在资产租赁合同期限超过20年、“四荒”地（荒山、荒沟、荒丘、荒滩）超过50年，是否有期限不明、长期或永久合同；委托村集体经济组织签订的土地流转合同是否超过本轮土地承包剩余期限，内容是否完整。

7. 合同价款是否公平合理。是否存在合同价款过低或显失公平的情形，是否约定上下浮动标准。村集体的资金借贷合同利息是否超过法定贷款利率，有没有存在高利贷问题。

8. 合同签字盖章是否规范，合同双方的法人及法人代表是否签字盖章，自然人是否签字按手印，合同落款时间是否准确。

9. 履行地点、时间和方式是否明确。

10. 双方的权利义务和违约责任是否明确，有无制定合同期满后地上附属物的处置办法。

11. 是否约定发生合同纠纷的解决方法。

（三）合同履行方面

12. 合同双方是否能够按照合同约定，如期结清合同价款，是否存在一次性收取长期承包费的问题。

13. 对承包到期的资产资源，是否能够及时收回并重新发包，有没有到期后未办理相关手续仍在继续租赁承包的情形。

14. 是否存在违法情形，如改变土地用途、破坏资源环境，损害国家、集体或第三人的利益，或以合法形式掩盖非法目的等问题。

（四）合同管理方面

15. 所有资产资源发包是否依法签订村集体经济合同，收入是否纳入村级账目管理，是否存在坐收坐支现金问题。

16. 是否建立资产资源合同台账，纳入集体“三资”监管平台并实行分类管理。

17. 合同档案整理是否规范，归档是否及时，并报乡镇主管部门备案。

18. 是否建立资产资源合同承包到期和收费到期预警监测机制。

四、方法步骤及时间安排

（一）宣传发动阶段（6月20日前）。各县（市、区）、乡（街道）镇要结合各自实际，制定落实方案，明确整治目标、范围、内容和要求。各级要层层召开动员会，传达重点整治方案精神。各村要通过悬挂宣传条幅、发放明白纸等形式，向广大群众充分宣传本次重点整治工作的任务要求。市局通过新闻网络、报纸等媒介向社会公布举报电话、邮箱及接访地点，多形式、多渠道接收群众反映的问题。

（二）调查摸底阶段（6月21—30日）。各村集体要在村党组织的领导下，组织专人对本村及所辖小组集体经济承包合同进行全面排查清理，对清理出的问题合同提出初步整改意见。整改意见交由本村法律顾问把关，并提出《法律意见书》。村集体汇总后报所在乡镇（街道）审核，并建立起问题台账。

（三）整改落实阶段（7月1日—10月31日）。乡镇（街道）要指导各村根据相关法律法规要求，对发现的问题合同逐项进行整改，实行问题台账销号制度。县、乡两级要专门组织检查组，对农村集体经济合同问题重点整治工作，层层开展检查，及时发现问题、整改问题。总的要求是，县不漏乡、乡不漏村，实现自查自纠工作全覆盖。对所查的每份合同，经手的检查人员都要签字备案，以示负责。

对整治工作中发现的典型问题，要依法依规严肃查处。情况严重的，严肃追责问责，给予相关责任人员党纪政纪处分；涉及刑事犯罪的，移交司法机关处理，追究相关人员的刑事责任。同时，加大整治工作宣传力度。通过新闻媒体及时曝光典型案件，以案为鉴、以案促改。

（四）市级抽查监督阶段（11月1—30日）。在县、乡自查自纠的基础上，市农业农村局组成工作组采取听汇报、看合同、查档案、访农户等形式，对各县（市、区）及功能区整治工作进行检查。每个县（市、区）所要抽查的乡镇（街道）比例不少于三分之一，确保检查效果。

五、建立长效机制

进一步完善农村集体“三资”管理，健全管理制度，创新监管方式，逐步建立起集体承包合同管理的长效机制。

（一）健全合同监管机制。乡镇政府及主管部门负责指导农村集体经济承包合同的签订、鉴证、审核、调解以及档案管理工作。要加强乡镇（街道）“三资”服务中心建设，要配强业务人员，确保有人管事、有人干事、责有人负。要严格合同签订程序，规范合同内容文本，避免出现无效合同、歧义合同，确保对集体经济承包合同的全程监管。

（二）推行招投标机制。集体资产资源发包方案要广泛听取群众意见，经村集体经济组织三分之二以上成员（或代表）同意，并报乡镇备案。所有集体资产、资源的出租发包，都要纳入农村集体产权交易平台管理，全面实行公开招投标制度。

（三）建立台账管理机制。对集体所有资产资源合同都要以村为单位分类建立台账，实现对集体经济承包合同的电子化、规范化管理。按照档案管理要求进行编号存档，实行专人专柜保管，确保档案安全。

（四）实行合同预警机制。鉴于集体经济的特殊性，承包费收取提倡每年一收，需要提前收费的，原则上不要超过本届组织机构成员任期。对合同承包到期或收费时间到期的，及时进行预警，确保合同按时履约。

（五）完善合同调处机制。因经济合同发生纠纷，当事人双方应当及时协商解决；协商不成时，向乡镇农村集体经济承包合同调解委员会申请调解；调解不成时，申请仲裁或向人民法院起诉。

（六）加强审计监督机制。所有发包收入，必须纳入集体资金管理，并用于农村资源开发、农业基础设施和集体服务设施建设或集体福利、成员分红等，任何单位和个人不得侵占、平调和挪用。要定期对农村经济承包合同履行情况进行审计，加强审计监督，保证合同的正常履行。

六、落实保障措施

（一）加强组织领导。市农业农村局成立由局党组书记、局长姜士科任组长的农村集体经济承包合同问题重点整治工作领导小组，全面负责重点整治工作的开展。各县（市、区）、乡（镇）也建立相应机构，负责组织实施。乡镇（街道）党政一把手要作为第一责任人，亲自研究、亲自部署、亲自督办；分管领导为直接责任人，必须集中精力，靠前指挥，主动协调。各级农业农村部门要认真履职尽责，搞好业务指导。

（二）坚持问题导向。积极创新方式方法，畅通信访渠道，认真查摆问题。各县（市、区）、乡镇（街道）农业农村部门要成立联合工作组，采取查看资料档案、发放调查问卷、公开举报电话和举报信箱等方式进村入户排查问题，对查出的问题进行分类，区别对待，逐项整改。对“软弱涣散”、集体“三资”管理混乱的村和群众反映强烈的问题，县、乡要组织专门力量帮助整治。查摆出来的问题线索要及时汇总上报市农业农村局，建立工作台账，落实整改责任，抓好整改落实。要保障合同双方的合法权益，不得借整顿之机损害合同当事人的合法利益。

（三）强化监督检查。市、县两级要定期组织对整治工作的督导，及时发现和解决工作中遇到的问题，确保整治工作取得实效。对重点整治任务不落实、措施不力、工作走过场、效果不明显、群众不满意的要通报批评，限期整改；对在重点整治工作中隐瞒线索、掩盖问题、设置障碍的，要按照有关规定追究责任。同时，要加强对整治工作的情况调度。自本方案实施起，各县（市、区）及功能区每周五都要总结上报重点整治工作进展情况。11 月份，市农业农村局将组织检查组，对各（市、区）及功能区重点整治工作进行抽查。

第五章　收支管理及收益分配

【原文】　**第二十四条　农村集体经济组织生产销售、提供服务、投资收益、让渡集体资产资源使用权和政府给予的经营性补贴等形成的经济利益总流入，应当依法依规加强管理，做好账务处理。**

【解读】　经济利益的总流入是经济组织生存与发展的基础和保障，也是其发展能力和发展水平的客观反映。加强对农村集体经济组织收入核算和经济利益总流入的管理，是确保农村集体经济组织持续稳定发展的前提。2009 年 6 月 8 日，农业部颁布的《关于进一步加强农村集体资金资产资源管理指导的意见》（农经发〔2009〕4 号）明确要求：集体经济组织统一经营的资产，要明确经营管理责任人的责任和经营目标，确定决策机制、管理机制和收益分配机制，并向全体成员公开。

1996 年 3 月 14 日，财政部颁布的《村合作经济组织财务制度（试行）》（财农字〔1996〕50 号）第四十三条明确：村合作经济组织的经营收入是指村合作经济组织进行各项生产、服务等经营活动取得的收入。包括农业生产收入、林业生产收入、牧业生产收入、渔业生产收入、销售物资收入、服务收入、劳务收入等。村合作经济组织的发包及上交收入是指农户和承包单位因承包集体耕地、林地、果园、鱼塘及其他集体资源等上交的承包金及村（组）办企业上交的利润。提留收入是指农户按有关规定上交的集体提留款项。经营收入、发包和上交收入及提留收入以外的收入列为其他收入。2004 年 9 月 30 日，财政部印发的《村集体经济组织会计制度》（财会〔2004〕12号）第二十六条规定，村集体经济组织的经营收入是指村集体经济组织进行各项生产、服务等经营活动取得的收入。包括产品物资销售收入、出租收入、劳务收入等。村集体经济组织的发包及上交收入是指农户和其他单位因承包集体耕地、林地、果园、鱼塘等上交的承包金及村（组）办企业上交的利润等。村集体经济组织的农业税附加返还收入是指村集体经济组织按有关规定收到的财税部门返还的农业税附加、牧业税附加等资金。村集体经济组织的补助收入是指村集体经济组织获得的财政等有关部门的补助资金。村集体经济组织的其他收入是指除经营收入、发包及上交收入、农业税附加返还收入和补助收入以外的收入。

本制度对收入的分类更为明细，由原来的营业收入、其他收入细化为生产销售、提供服务、投资收益、让渡集体资产资源使用权及政府补助。更加有利于集体经济组织加强对收入结构的分析和管理；也更便于与《企业所得税法》第六条规定的收入范围协同一致，有效降低集体经济组织纳税遵从成本。

【原文】 第二十五条 农村集体经济组织用于经营活动、日常管理、村内公益和综合服务、保障村级组织和村务运转等各种支出，应当计入相应的成本费用，加强管理，严格执行审批程序。

【解读】 在经济组织的经济利益总流入一定的情况下，成本费用支出是决定其经济效益高低和服务能力强弱的关键因素。加强成本费用支出的控制，也是财务管理中财务控制的核心内容。

1996年3月14日，财政部颁布的《村合作经济组织财务制度（试行）》（财农字〔1996〕50号）第四十四条规定，村合作经济组织要建立健全支出的预算、审批制度，量入为出，对管理费用等非经营性开支要实行总量控制，不得超支。

2009年6月8日，农业部颁布的《关于进一步加强农村集体资金资产资源管理指导的意见》（农经发〔2009〕4号）要求农村集体经济组织日常开支按规定程序审批，重大事项开支应当履行民主程序。2013 年 6 月 27 日，农业部等四部委联合下发的《农业部 财政部 民政部 审计署关于进一步加强和规范村级财务管理工作的意见》（农经发〔2013〕6 号）要求村级组织发生各项财务活动、制定各项财务计划以及重大财务事项决策都必须履行民主程序，实行民主理财。

本制度强调农村集体经济组织的各项成本费用支出要严格执行审批程序，就是要保障集体经济组织成员对各项成本费用支出的知情权、参与权、表达权、监督权。同时，制度要求农村集体经济组织将发生的全部支出按照用于经营活动、日常管理、村内公益和综合服务、保障村级组织和村务运转等进行分类，并计入相应的费用。这种费用的分类管理，有利于对集体经济组织费用支出的结构进行分析；有利于集体经济组织对不同类型支出的资金管理；有利于提高农村集体经济组织运营决策效率和科学性。

基于目前农村集体经济组织财务管理现实情况，以及公益性支出与综合服务支出、临时性与突发性支出的不可预见性，本制度不再强调“建立健全支出的预算制度；对非经营性开支要实行总量控制，不得超支”。

【原文】 **第二十六条　农村集体经济组织收益分配以效益为基础，民主决策、科学分配，保障成员合法权益。**

【解读】 收益与分配管理作为财务管理的重要内容之一，对于维护农村集体经济组织与各相关利益主体的财务关系、提升集体经济组织的价值具有重要意义。收益分配集中体现了农村集体经济组织的组成成员、集体经济组织的经营者与劳动者之间的利益关系；收益分配也是农村集体经济组织再生产的前提条件以及优化资本结构的重要措施。

2009 年 6 月 8 日，农业部颁布的《关于进一步加强农村集体资金资产资源管理指导的意见》（农经发〔2009〕4号）要求集体经济组织统一经营的资产，要明确经营管理责任人的责任和经营目标，确定决策机制、管理机制和收益分配机制，并向全体成员公开。

2021年4月29日第十三届全国人民代表大会常务委员会第二十八次会议通过的《乡村振兴促进法》第二十一条第二款明确，国家采取措施支持农村集体经济组织发展，为本集体成员提供生产生活服务，保障成员从集体经营收入中获得收益分配的权利。

发展农村集体经济的根本目的是提高农村集体经济组织成员的福祉和更好地为农村集体经济组织成员服务，在进行分配决策时，必须处理好以下几方面的关系：

一是处理好农村集体经济组织长远发展和集体经济组织成员短期利益追求之间的关系。既要关注集体经济组织成员的短期利益需求，更要充分考虑集体经济组织的长期发展和为集体经济组织成员持续服务的能力。

二是处理好农村集体经济组织成员与农村集体经济组织经营者的关系。农村集体经济组织成员对集体资产股份享有占有、收益等权利，农村集体经济组织经营者是受托经营责任人，但由于目前农村集体经济组织的经理人制度尚待建立，农村集体经济组织的负责人往往是农村集体经济组织的经营者，既指导农村集体经济的方向和目标，也是作为农村集体经济的经营者从事日常运营管理活动。

三是处理好追求利润与社会保障之间的关系。农村集体经济组织的特殊法人属性，决定了其一方面是作为农村地区社会服务和公共利益的主体，必须承担起本地区社会服务和公益事业的服务职能；同时也是作为农村集体经济的主要载体，必须承担起发展本区域集体经济的重要职责。而且追求利润是为了更好地服务和保障本区域集体经济组织成员利益，而不能为了追求利润而损害集体经济组织成员利益。

因此，本制度强调要“以效益为基础”；要“民主决策、科学分配”；要切实“保障成员合法权益”。

【原文】　**第二十七条　农村集体经济组织应当按照有关法律、法规、政策规定及组织章程约定的分配原则，按程序确定收益分配方案，明确分配范围、分配比例等重点事项，向全体成员公示。**

【解读】　2009 年 6 月 8 日，农业部颁布的《关于进一步加强农村集体资金资产资源管理指导的意见》（农经发〔2009〕4 号）要求，集体经济组织统一经营的资产，要明确经营管理责任人的责任和经营目标，确定决策机制、管理机制和收益分配机制，并向全体成员公开。

2020 年 11 月 4 日印发的《农业农村部关于印发〈农村集体经济组织示范章程（试行）〉的通知》（农政改发〔2020〕5 号）第四十二条对分配原则做出规定，要求“坚持效益决定分配、集体福利与成员增收兼顾的原则。集体收入优先用于公益事业、集体福利和扶贫济困，可分配收益按成员持有的集体经营性资产份额（股份）分红。严格实行量入为出，严禁举债搞公益，严禁举债发福利，严禁举债分红”。在分配程序上，农政改发〔2020〕5 号文件第四十三条要求，根据当年经营收益情况，制订年度收益分配方案。年度收益分配方案应当明确各分配项目和分配比例，经成员（代表）大会审议通过后，报乡镇人民政府（街道办事处）备案。在分配范围上，农政改发〔2020〕5 号文件第四十四条要求，本年可分配收益为当年收益与上年未分配收益之和。本社留归集体的土地补偿费应列入公积公益金，不得作为集体收益进行分配；集体建设用地出让、出租收益应充分考虑以后年度收入的持续稳定，不得全额在当年分配。

本制度要求农村集体经济组织应当按照前述有关法律、法规、政策规定及组织章程约定的分配原则、程序确定分配方案，明确分配范围、分配比例并向全体成员公示。

【原文】 第二十八条 农村集体经济组织可分配收益按以下顺序进行分配：

（一）弥补以前年度亏损；

（二）提取公积公益金；

（三）向成员分配收益；

（四）其他。公积公益金按组织章程确定计提比例。

【解读】 1996 年 3 月 14 日，财政部下发的《村合作经济组织财务制度（试行）》（财农字〔1996〕50 号）第四十七条规定，村合作经济组织的收益在进行依法纳税后按照大部分用于生产发展，小部分用于集体福利的原则，以下列顺序进行分配：

1. 提取公积金。公积金用于发展生产，可转增资本和弥补亏损。

2. 提取公益金。公益金用于集体福利等公益设施建设，包括兴建学校、医疗站、福利院、电影院、幼儿园等。

3. 提取福利费。福利费用于集体福利、文教、卫生等方面的支出（不包括兴建集体福利等公益设施支出），包括照顾烈军属、五保户、困难户的支出，计划生育支出，农民因公伤亡的医药费、生活补助及抚恤金的支出等。

4. 向投资者分利。

5. 农户分配。

6. 其他。

2020 年 11 月 4 日印发的《农业农村部关于印发〈农村集体经济组织示范章程（试行）〉的通知》（农政改发〔2020〕5 号）第四十五条规定：本社本年可分配收益按以下顺序进行分配：

1. 提取公积公益金，用于转增资本、弥补亏损以及集体公益设施建设等；

2. 提取福利费，用于集体福利、文教、卫生等方面的支出；

3. 按持有本社经营性资产份额（股份）分红。

随着乡村振兴战略的实施和农村集体经济组织特殊法人地位的确立，本制度将村内公益和综合服务、保障村级组织和村务运转等支出作为当期费用支出处理，而不再在可分配收益中提取应付福利费，从财务制度上明确了村级组织运转、村内公益事业发展等支出的资金来源。

但应当注意的是，《企业所得税法》第八条规定，企业实际发生的与经营活动有关的、合理的支出，包括成本、费用、损失和其他支出，可以在计算应纳税所得额时扣除。农村集体经济组织作为企业所得税的居民纳税人，从企业所得税的原理上来看，应纳税所得额是应税收入总额减去税前准予扣除项目后的余额。税前准予扣除的项目一般是指纳税人取得的与应税收入有关的成本、费用、税金、损失和其他支出。而村内公益和综合服务、保障村级组织支出与取得应税收入并无直接相关关系，是否能够在企业所得税前扣除尚待进一步明确。根据税收法治原则，建议财政部与国家税务总局对农村集体经济组织村内公益和综合服务、保障村级组织和村务运转支出等允许企业所得税税前扣除作出明确规定，以降低农村集体经济组织纳税遵从成本。

【原文】　**第二十九条　年终收益分配前，农村集体经济组织应当清查资产，清理债权、债务，准确核算年度收入、支出、可分配收益。**

【解读】　1996年3月14日，财政部下发的《村合作经济组织财务制度（试行）》（财农字〔1996〕50号）第四十六条规定，村合作经济组织在进行年终收益分配工作以前，要准确地核算全年的收入和支出；清理财产和债权、债务；搞好承包合同的结算和兑现；原农业部颁发的《关于进一步加强农村集体资金资产资源管理指导的意见》（农经发〔2009〕4号）也要求定期进行资产清查，重点清查核实集体经济组织所有的各种资产、负债和所有者权益，做到账实、账款相符。

2013 年 6 月 27 日印发的《农业部 财政部 民政部 审计署关于进一步加强和规范村级财务管理工作的意见》（农经发〔2013〕6 号）中明确要求，按照《村集体经济组织会计制度》有关规定，全面核算反映经济活动和社区管理的财务收支、结算、分配等会计事项。《村集体经济组织会计制度》第二十九条规定，村集体经济组织在进行年终收益分配工作以前，要准确地核算全年的收入和支出；清理财产和债权、债务；搞好承包合同的结算和兑现。

2017 年 12 月 26 日印发的《农业部 财政部 国土资源部 水利部 国家林业局 教育部 文化部 国家卫生计生委 体育总局关于全面开展农村集体资产清产核资工作的通知》（农经发〔2017〕11 号）附件 1《农村集体经济清产核资办法》第二十九条要求，农村集体经济建立年度资产清查制度和定期报告制度，至少每年末开展一次资产清查。

本制度要求农村集体经济组织在年终收益分配前清查资产，清理债权债务，准确核算年度收入、支出、可分配收益与前期文件规定一脉相承。

第六章　产权管理

【原文】　第三十条　农村集体经济组织应当清查核实集体资产，明确资产权属，登记资产台账，编制资产负债表；建立成员名册和份额（股份）登记簿。

【解读】　首先，产权是经济所有制关系的法律表现形式，包括财产的所有权、占有权、使用权、支配权、收益权和处分权。产权制度是经济组织财务的制度基础。如果没有产权制度，商品和劳务交易就无法进行，投资活动就无法进行，所筹集资本也无法律保障。产权是对资源或资产的排他性占有和使用。产权的界定与否以及如何界定，直接影响集体经济组织成员的成本和收益，而计算成本和收益，是进行经济决策的基础。因此，要加强农村集体经济组织的财务管理，首先必须清查核实资产、明晰资产权属、登记资产台账，编制资产负债表，确保资产账账相符、账表相符、账实相符，为农村集体经济组织提供决策依据。

其次，农村集体经济组织所有的资产归该农村集体经济组织成员集体所有；集体组织所有权是劳动群众集体所有制在法律上的表现。集体所有权是指集体组织对其财产享有的占有、使用、收益、处分的权利，其享有者是农村集体组织，而集体经济组织是一个集合体。集合体的根本特征决定了集合概念只反映集合体，不反映构成集合体的个体。正因如此，在管理实践中，造成一些地方集体经营性资产归属不明、经营收益不清、分配不公开、成员的集体收益分配权缺乏保障等突出问题。着力推进经营性资产确权到户和股份合作制改革，对于切实维护农民合法权益，增加农民财产性收入，让广大农民分享改革发展成果具有非常重要的意义。

2009 年 6 月 8 日，农业部颁布的《关于进一步加强农村集体资金资产资源管理指导的意见》（农经发〔2009〕4 号）明确提出，要稳妥推进集体经济组织产权制度改革，探索集体经济的有效实现形式。已实行产权制度改革的集体经济组织，要建立健全股东大会或股东代表大会、董事会、监事会等机构，强化内部控制机制，完善经营管理制度，确立激励和约束相结合的运行机制。

为探索农村集体所有制有效实现形式，创新农村集体经济运行机制，保护农民集体资产权益，调动农民发展现代农业和建设社会主义新农村的积极性，稳步推进农村集体产权制度改革，2016 年 12 月 26 日，中共中央、国务院印发的《关于稳步推进农村集体产权制度改革的意见》明确指出，农村集体产权制度改革是维护农民合法权益、增加农民财产性收入的重大举措。

习近平总书记强调，深化农村集体产权制度改革，开展清产核资，明晰农村集体产权归属，赋予农民更加充分的财产权利①。为贯彻落实党中央决策部署和习近平总书记指示要求，2017 年 12 月 26 日印发的《农业部 财政部 国土资源部 水利部 国家林业局 教育部 文化部 国家卫生计生委 体育总局关于全面开展农村集体资产清产核资工作的通知》（农经发〔2017〕11 号），正式开启全国范围内农村集体经济清产核资工作，全面清查核实集体各类资产，摸清集体家底，健全管理制度，防止资产流失，为深化农村集体产权制度改革，盘活农村集体资产，发展新型集体经济，增加农民收入奠定坚实基础。

本制度强调农村集体经济产权管理，一方面是强化农村三资管

① 《农业部 财政部 国土资源部 水利部 国家林业局 教育部 文化部 国家卫生计生委 体育总局关于全面开展农村集体资产清产核资工作的通知》（农经发〔2017〕11 号）。

理的需要，更重要的一方面在于配合正在推进的农村集体经济组织产权制度改革，为其打下可靠的基础。

在推进农村集体产权制度改革的过程中，一是需确认农村集体经济组织成员身份。成员身份的确认既要得到多数人认可，又要防止多数人侵犯少数人权益，并且特别要注意切实保护妇女的合法权益。实践中，不少地方都采取措施来防止妇女的权益受到侵犯。比如，在土地承包经营权确权登记颁证过程中，为了保证妇女的土地承包权益，明确在登记的时候要体现共有人，也就是说，妇女在财产权益的名单上要有记载，要得到落实；同样，进行股份合作制改革试点，确定经营性资产股份收益的时候，也强调以户为单位来确定，这样有利于更好地保护妇女的权益。

二是将集体资产在集体经济组织成员内部进行股份量化（即确认成员股份份额）。将农村集体经营性资产以股份或者份额形式量化到本集体成员，作为其参加集体收益分配的基本依据。农村集体经营性资产的股份合作制改革，不同于工商企业的股份制改造，要体现成员集体所有和特有的社区性，只能在农村集体经济组织内部进行。股权设置应以成员股为主，是否设置集体股由本集体经济组织成员民主讨论决定。股权管理提倡实行不随人口增减变动而调整的方式。

本制度强调建立成员名册和份额（股份）登记簿，正是基于推进农村集体产权制度改革中，解决农村地区公平与效率问题的需要，为经营性资产股份合作制改革奠定基础和做好保障。

【原文】　第三十一条　农村集体经济组织变更资产权属的，应当严格按照有关法律、法规和政策规定进行，并及时进行账务处理。

【解读】　农村集体资产包括农民集体所有的土地、森林、山岭、草原、荒地、滩涂等资源性资产；用于经营的房屋、建筑物、机器设备、工具器具、农业基础设施、集体投资兴办的企业及其所持有的其他经济组织的资产份额、无形资产等经营性资产；用于公共服务的教育、科技、文化、卫生、体育等方面的非经营性资产。这三类资产是农村集体经济组织成员的主要财产，是农业农村发展的重要物质基础。

根据《中华人民共和国土地管理法》相关规定，农村和城市郊区的土地，除由法律规定属于国家所有的以外，属于农民集体所有；宅基地和自留地、自留山，属于农民集体所有”“各级人民政府应当依据国民经济和社会发展规划、国土整治和资源环境保护的要求、土地供给能力以及各项建设对土地的需求，组织编制土地利用总体规划。

此外，各地颁发的集体资产管理条例对农村集体经济组织的资产权属一般都有明确而严格的规定，如 2020 年 9 月 24 日浙江省第十三届人民代表大会常务委员会第二十四次会议修订的《浙江省农村集体资产管理条例》对农村集体经济组织的资产权属做出明确规定，县级以上人民政府应当根据法律、法规和国家有关规定，对农村集体资产的所有权或者使用权进行界定确认。县级以上人民政府及其有关部门应当依照《物权法》《农村土地承包法》和不动产登记有关规定，对村集体经济组织成员集体所有的土地、房屋以及土地承包经营权等予以登记；因村集体经济组织合并、分立需要调整农村集体资产权属，或者因村集体经济组织终止需要处分农村集体资产的，应当尊重有关村集体经济组织及其成员的意愿，制订具体的实施方案，实施方案应当经本集体经济组织成员大会或者成员大会授权的成员代表大会应到成员三分之二以上通过；调整农村集体资产权属和处分农村集体资产不得损害村集体经济组织及其成员的合法权益[①]。

本制度要求农村集体经济组织在变更资产权属时应当严格按照有关法律、法规和政策规定进行的同时，进一步要求农村集体经济

① 资料来源：https：//www. zj. gov. cn/art/2020/9/24/art_ 1229005922_ 1763905. html.

组织及时进行账务处理，确保农村集体经济组织的资产账实相符。

【原文】 **第三十二条 村庄撤并的，不得混淆集体财务会计账目，不得随意合并、平调集体资产。**

【解读】 2003 年 12 月 4 日，农业部等四部委联合下发《农业部 民政部 财政部 审计署关于推动农村集体财务管理和监督经常化规范化制度化的意见》（农经发〔2003〕11 号）明确指出，农村集体资产包括经营性资产、非经营性资产和土地、水面、山林等资源性资产，集体资产所有权受国家法律保护，任何单位和个人不得侵占、平调、挪用。2009 年 6 月 8 日，农业部颁布的《关于进一步加强农村集体资金资产资源管理指导的意见》（农经发〔2009〕4 号）明确指出，应当尊重各集体经济组织的资产所有权和财产管理自主权，不得改变集体资金的性质。2017 年 12 月 26 日印发的《农业部 财政部 国土资源部 水利部 国家林业局 教育部 文化部 国家卫生计生委 体育总局关于全面开展农村集体资产清产核资工作的通知》（农经发〔2017〕11 号）附件 1《农村集体经济清产核资办法》第二十二条要求，农村集体资产所有权的界定，要充分考虑不同资产的形成过程和历史沿革，从有利于管理实际出发，从兼顾国家与集体利益和维护农村社会稳定大局出发，尊重历史、兼顾现实、事实就是、依法依规进行。要严格按照产权归属确权，不能打乱原集体所有的界限。

随着农村城镇化的不断推进，为加强撤并村的集体资产管理，本制度强调在村庄撤并中，不得混淆集体财务会计账目，不得随意合并、平调集体资产，是尊重农村集体经济组织集体产权、维护集体经济组织成员合法权益的必然要求。

【案例 6-1】 芜湖市规范村庄撤并的相关规定[①]。

关于严格规范村庄撤并工作的通知

芜农工办〔2021〕14 号

各县市区委，县市区人民政府，经济技术开发区、三山经济开发区工委、管委，市直有关单位：

为认真贯彻习近平总书记重要批示精神，落实《中共安徽省委办公厅、安徽省人民政府办公厅关于严格规范村庄撤并工作的通知》（皖办发〔2021〕9 号）要求，严格规范我市村庄撤并工作，现就有关事项通知如下：

一、严格规范村庄撤并工作

1. 稳妥开展村级建制调整。依法审慎对村级建制进行必要调整，做到成熟一个推动一个，要与并居区分开来。落实村庄撤并审批权限和具体程序规定。严格规范执行村民委员会的设立、撤销、范围调整，由镇级人民政府提出，经村民会议讨论同意，报县级人民政府批准的工作程序，加强风险管控和审核监督。在拟订调整方案时要广泛听取意见，通过“四议两公开”机制，引导群众共同参与、全程参与（牵头单位：市民政局，各县市区党委、政府）。

2. 加快推进村庄规划编制。分类有序推进村庄规划建设，2021 年基本完成市县两级国土空间规划编制，明确自然村的分类属性。积极有序推进“多规合一”实用性村庄规划编制，对有条件、有需求的村庄尽快实现村庄规划全覆盖。按照“先规划后建设、不规划不建设、不规划不投入”的要求，严格实施乡村建设规划许可管理（牵头单位：市自规局，各县市区党委、政府）。

3. 严格控制村庄搬迁撤并范围。按照省发改委搬迁撤并类村庄的具体认定标准及申请、审核和批复程序规定操作。搬迁撤并类村庄严格控制在位于生存条件恶劣、生态环境脆弱、自然灾害频发等

① 资料来源：https：//www. wuhu. gov. cn/openness/public/6596611/30930211. html.

地区的村庄，因重大项目建设需要搬迁的村庄，以及人口流失特别严重的村庄。从严掌握搬迁撤并类村庄规模，控制搬迁撤并范围，对已经确定为搬迁撤并类的村庄，严格审查、复核，不符合要求的要及时调整（牵头单位：市发改委、市自规局，各县市区党委、政府）。

4. 科学规划村庄建设。加强乡村建筑风貌引导，尽可能保持村庄原有形态，保留乡村风貌和田园风光，打造具有皖江特色的美丽宜居乡村，防止千村一面。不得违背乡村特色盲目拆村庄建高楼，不得把拆除农房建设大规模农民集中居住区作为村庄建设的方向（牵头单位：市住建局、市自规局，各县市区党委、政府）。

5. 充分尊重农民意愿。各级政府在作出村庄撤并决定前，必须在所涉及的行政村发布公告，载明补偿安置方案和行政复议、行政诉讼权利等事项。补偿安置方案和安置区选址、规划要充分论证并公开征求村集体和农民意见，保证农民群众利益不受损，方便生产生活。安置方案应尊重农民意愿，符合群众需求。村庄撤并不能以村民会议中多数人同意为由拆除农民个人住房，不得以任何名义和方式强制或变相强制农民退出宅基地、集中上楼居住，原则上不得先拆后建（牵头单位：市民政局、市自然资源和规划局，各县市区党委、政府）。

6. 依法保护农民合法财产权益。村庄撤并过程中必须严格保护农民依法享有的承包地、宅基地和住房等财产权益，不得借机调整农户承包地，不得违法收回农民合法取得的宅基地，不得以退出宅基地作为农民进城落户的条件。由承包农户自主决定承包地是否流转以及流转方式，流转收益归承包农户所有，流转期限由流转双方在法律规定的范围内协商确定。整村流转土地必须经全体村民同意。村庄撤并后集体建设用地复垦形成的新增耕地不得改变原村（组）归属，按照土地承包有关法律法规和政策组织生产经营；严格执行机动面积不超过本集体经济组织耕地总面积5%的法律规定，超出部分依法用于解决人地矛盾，按照公平原则承包到户，开展承包耕地股份合作经营的必须农户自愿并确权到户。持续推进农村房地一体的宅基地使用权确权登记颁证工作，新建居住区占用土地为国有建设用地的，要按照国有建设用地使用权及房屋所有权登记有关规定，根据申请向农民颁发房地一体的不动产权证书；新建居住区占用土地为农用地的，要依法办理农用地转用手续，并落实耕地占补平衡要求。2021 年底前，各县市区要将完成数据整合的农村地籍调查和不动产登记成果汇交至国家不动产登记信息管理基础平台（牵头单位：市农业农村局、市自规局，各县市区党委、政府）。

7. 严格保护村集体合法权益。严格保护农村各类集体资产所有权，要在清产核资基础上，明确产权归属，不得打乱原集体所有的界限，或借村庄撤并之机违法违规合并、平调不同农村集体经济组织的资金资产资源。各农村集体经济组织的资产收益仍归本集体经济组织成员所有。加强撤并村庄集体经济组织审计监督，做好日常财务收支等定期审计，防止利用村庄撤并之机侵占集体资产（牵头单位：市农业农村局、市审计局，各县市区党委、政府）。

8. 规范开展城乡建设用地增减挂钩。严格按照省级确定的城乡建设用地增减挂钩规模和土地利用年度计划，开展城乡建设用地增减挂钩试点工作。在村庄撤并中实施增减挂钩的，要严格履行审批程序，先批准后实施，不得先拆旧复垦再予以追认，不得擅自扩大规模。未经农村集体经济组织和农民同意，不得强行开展增减挂钩项目。不同意拆迁的农户，不得纳入拆旧复垦范围。拆旧复垦腾出的建设用地指标，在优先满足农民新居、农村基础设施和公共服务配套设施建设以及乡村产业发展等用地后，方可将节余指标调剂给城镇使用，不得为了追求多增节余指标盲目建高楼、强迫农民住高楼。增减挂钩收益要及时全部返还项目区农村，不得截留挪用、拖欠农民安置补偿资金（牵头单位：市自规局，各县市区党委、政府）。

二、扎实做好村庄撤并问题排查整改

9. 组织开展村庄撤并工作的全面排查。对 2018 年以来已结束的村庄撤并工作加大排查力度，开展“回头看”；尚未实施的村庄撤并项目，要仔细甄别把关，核实是否符合要求，不符合要求的立即取消；正在实施搬迁的项目，要加强工程质量监管，全面听取农民意见，做好公开公示工作，回应合理诉求，进一步完善工作方案。进一步完善工作机制，及时掌握村庄撤并数量、工作进展等情况（牵头单位：市民政局、市自规局，各县市区党委、政府）。

10. 做好已搬迁农民的妥善安置。加强配套设施建设，帮助搬迁农民解决好实际困难，让他们安心入住，增加就业增收机会，降低生活成本；加强和改进新建居住区社会治理和服务，全面改善搬迁农民生产生活条件。原村级组织重组或合并的，要及时成立新的村党组织和基层群众自治组织（牵头单位：市自规局、市委组织部，各县市党委、区政府）。

11. 查处村庄撤并中的腐败行为。纠正形式主义、官僚主义等作风问题，对村庄撤并中的违法违规行为，要依法依规严肃追究相关人员责任，对不作为、乱作为、侵害农民利益的要严肃问责（牵头单位：市纪委，各县市区党委、政府）。

三、加强对村庄撤并工作的组织领导

各县市区党委政府要切实担负起责任，结合本地实际，抓紧制定贯彻落实举措，建立健全长效机制。市直各有关单位要发挥职能作用，相互沟通协调，形成工作合力，市发改委负责按照省发改委要求执行搬迁撤并类村庄的具体认定标准及申请、审核和批复程序规定，认真把握村庄分类标准；市民政局负责牵头起草村庄撤并审批权限和具体程序规定，指导村级建制调整，完善农村社区治理和服务，指导村民委员会在村庄撤并中履行民主决策程序；市自然资源和规划局负责村庄规划管理，规范城乡建设用地增减挂钩，做好房地一体的宅基地和集体建设用地使用权确权登记颁证、复垦耕地监管和质量评定验收、土地用途管制、乡村建设规划许可工作；市住房和城乡建设局负责加强乡村建筑风貌引导，执行农房建设质量基本标准和抗震设防要求，做好房屋建设管理工作；市农业农村局负责保障搬迁农民的承包地、宅基地有关权益和村集体合法权益，完善宅基地管理制度，指导农村土地流转和农村集体资产管理，加强复垦耕地质量建设，指导各县市区制定作为机动地的新增耕地对外流转收益分配使用具体办法；市纪委监委负责查处村庄撤并中的腐败行为，纠正形式主义、官僚主义等作风问题。各县市区和市直有关部门要在 11 月 22 日前向市委、市政府报告村庄撤并工作“回头看”情况，同时抄送市委农村工作领导小组办公室。

第七章　财务信息管理

【原文】　第三十三条　具备条件的农村集体经济组织与村民委员会应当分设会计账套和银行账户。

【解读】　《中华人民共和国宪法》第一百一十一条规定，城市和农村按居民居住地区设立的居民委员会或者村民委员会是基层群众性自治组织。《村民委员会自治法》第二条规定，村民委员会是村民自我管理、自我教育、自我服务的基层群众性自治组织，实行民主选举、民主决策、民主管理、民主监督。村民委员会办理本村的公共事务和公益事业，调解民间纠纷，协助维护社会治安，向人民政府反映村民的意见、要求和提出建议。村民委员会向村民会议、村民代表会议负责并报告工作。

作为基层群众性自治组织的村委会和作为以发展农村集体经济为主要职责的村集体经济组织有着各自的侧重点。村民委员会主要职责是社区管理和公共服务、优化社区治理方式、为群众提供优质服务。村集体经济组织主要职责是整合集体资源、行使集体资产的经营管理权、走市场化和专业化道路、确保集体资产保值增值，做大做强集体经济。基于我国人民公社“政社合一”的历史背景，目前我国农村地区的村集体经济组织与村委会多是“二合一”，普遍存在村委会代行村集体经济组织职能的情况（仝志辉，2018；高鸣等，2019）。在“二合一”的框架下，村委会的权威和村庄治理能力也可作为村集体经济组织的组织资源，村集体经济组织的组织成本可被行政成本吸纳和消解，从而降低村集体经济组织的组织成本

(周娟，2021)。村集体经济组织与村委会“二合一”的情况，越是在农村集体经济不发达的地区越明显。

财务主体是财务管理理论的基本假设；真实、完整、相关的财务会计信息是财务分析的基础；完整、科学的评价指标体系是进行有效绩效评价的前提。将农村集体经济组织和村委会分设会计账套和银行账户，有利于厘清财务主体并以此为基础，区分用于村域内公共事务、公益事业和维护社会治安等非经营性支出与用于发展集体经济的经营性支出，从而更加科学地对不同财务主体进行财务预测、财务计划、财务分析、财务决策和财务控制。

本制度充分考虑了当前我国农村集体经济发展很不平衡的客观现实，在充分尊重客观现实的基础上又对具备条件的地区提出了具体要求。充分体现了实事求是、因地制宜的根本观点。

从具体实践来看，如北京市海淀区、六安市金安区等地将村民委员会与村集体经济组织实行分账管理，独立核算。村委员会核算的收入主要包括财政拨付的运行经费、有关部门给予的工作经费、利息收入、集体经济组织划转给村的公益金等；村委会支出包括办公费用、人员经费及基本公共服务和社会管理支出。村集体经济组织收入范围主要是经营收入、资源发包收入、资产发包收入、投资收益、政府补助收入等；村集体经济组织支出主要包括开展生产经营活动发生的相关营业成本、经营费用、管理费用、年终收益分配、本集体经济组织成员享受的帮扶支出，以及各类集体经济组织成员福利支出等。在实施农村集体经济组织与村民委员会分设会计账套和银行账户后，有效地加强了村集体公益性、公共服务等非经营性资金的监督管理和财务控制力度；同时也提高了农村集体经营性资金的财务预测能力和资金运营效率，并且为下一步农村集体经济组织绩效考评奠定了基础。

【案例7－1】安徽省六安市金安区关于村民委员会与村股份经济合作社账务分设促进村集体经济发展的实施办法。

关于村民委员会与村股份经济合作社账务分设促进村集体经济发展的实施办法

为深入贯彻《中共中央 国务院关于稳步推进农村集体产权制度改革的意见》（中发〔2016〕37号）精神，进一步巩固农村集体产权制度改革成果，探索发展新型农村集体经济有效实现形式，实现农村集体产权制度改革后的村民委员会与村股份经济合作社账务分设，根据《中共六安市委农村工作领导小组办公室关于开展村民委员会与村集体经济组织账务分设促进村集体经济发展的指导意见》精神，结合我区实际，制定如下实施办法。

一、总体要求

（一）指导思想。以习近平新时代中国特色社会主义思想为指导，全面贯彻落实党的十九大和十九届四中、五中全会精神，进一步深化农村集体产权制度改革，推进村民委员会和村集体经济组织账务分设。建立健全以村党组织为领导核心、村民为主体、村集体经济组织为主导、村民委员会和村务监督委员会共同参与的集体经济发展新模式，增强村集体经济发展活力，不断解放和发展农村社会生产力，为促进乡村全面振兴，巩固党在农村的执政基础提供重要支撑和保障。

（二）基本原则

1. 坚持党的领导。坚持农村基层党组织的领导地位不动摇，围绕巩固党在农村的执政基础来谋划和实施“账务分设”工作，理顺基层党组织、村民委员会和集体经济组织的关系。强化基层党组织领导作用，全面推行村党组织书记担任村集体经济组织负责人，村集体经济的重要事项，需经村党组织研究讨论。

2. 坚持正确方向。严格遵循农村集体资产管理条例、现行农村集体财务管理制度，贯彻落实中央省市有关文件精神，把实现好、维护好、发展好广大农民的根本利益作为改革的出发点和落脚点，逐步构建归属清晰、权能完整、流转顺畅、保护严格的中国特色社会主义集体产权制度，不能把集体经济改弱了、改小了、改垮了。

3. 坚持稳步推进。实行账务分设既要确保村委员会有资金开展村民自治和公共服务，又要有利于村级集体经济组织可持续发展，可以通过提取公积公益金的方式，防止因分账管理导致村委员会难以运转和村级集体经济组织成员合法权益受损。

4. 坚持务求实效。积极利用村集体经济组织特殊市场主体优势，通过开展“账务分设”工作，释放村集体经济组织活力，发挥其在管理集体资产、开发集体资源、发展集体经济、服务集体成员的功能，通过自主经营、合作经营、委托经营、发包租赁、投资入股等方式，促进村集体经济发展和农民持续增收。

（三）工作目标。按照全面推开、边试边改、逐步完善的原则，2021 年全面启动开展账务分设工作，通过 2 年时间，全区村民委员会与村集体经济组织账务分设工作基本完成，农村集体经济组织与村民委员会的关系进一步明晰，逐步构建村民委员会自治管理和公共服务，村集体经济组织自主经营和服务成员的农村集体经济运行新机制。

二、主要内容

（一）事务分离。厘清村民委员会和集体经济组织各自职能，确保按照各自职责高效、有序、规范运转。村民委员会负责社会管理和公共服务，整合管理资源，优化治理方式，为群众提供优质服务。村集体经济组织行使集体资产的经营管理权，走专业化和市场化道路，确保集体资产保值增值，做大做强集体经济。

农村集体经济产权制度改革后，村党组织是村级各种组织和各项工作的领导核心。村党（总）支部要支持和保障村民委员会、村股份经济合作社依照国家法律法规及各自章程充分行使职权，发挥作用。

1. 村民委员会的主要职能。主要包括：组织村民依法自治，宣传宪法、法律、法规和国家政策。办理村级公共事务和公益事业，妥善调解民间纠纷。督促村民遵守村民自治章程、村规民约。依法协助政府通过村民自治开展农村社区管理、优化乡村治理，组织社区服务。

2. 村股份经济合作社的主要职能。主要包括：经营管理本社集体资产，组织召开成员代表大会并向成员报告集体资产经营情况，提出“三资”经营管理重大事项，组织经济收入与分配，组织召开成员代表大会并向成员报告资产经营情况，执行成员代表大会表决通过的各类事项和服务成员等职责。

（二）账务分设。新成立的农村集体经济组织要在全国农村集体经济组织登记赋码管理系统上进行登记赋码，并凭借《农村集体经济组织登记证》到相关部门办理公章刻制和银行开户，形成村集体经济组织账户，纳入新建立的监管平台管理。原来的村级“三资”账户转为村委会账户，村民委员会账务管理方式不变，继续由乡镇“三资”代理中心代账管理，村民委员会账套名称为“××村民委员会”，银行账户必须与规范经济合作社账户分开。村股份经济合作社执行《村集体经济组织会计制度》，使用村集体经济组织会计账套，账套名称为“××村股份经济合作社”。

（三）资产分管。固定资产、投资以及产生的投资收益全部划归村集体经济组织核算。能够明确到村集体经济组织的债权债务划分到村集体经济组织，不明确的留在村委会，已经成为坏账的召开村民代表大会，通过“四议两公开”程序进行核销。货币资金则根据来源，确定划分到村集体经济组织或村委会，划分比例由村两委会召开村民代表大会决定。

（四）核算分立。村民委员会与村集体经济组织实行分账管理，独立核算。村委员会收入包括财政拨付的运行经费、有关部门给予的工作经费、利息收入、集体经济组织划转给村的公益金等。村委会支出包括办公费用、人员经费及基本公共服务和社会管理支出。村集体经济组织收入范围主要是经营收入、资源发包收入、资产发包收入、投资收益、补助收入。村集体经济组织支出主要包括开展生产经营活动发生的相关成本费用和管理费用、年终收益分配、本集体经济组织成员享受的“帮扶支出”及各类“福利支出”等。

（五）推行非现金结算。村委会和村股份经济合作社各类资金支出应当采用先审批后支付的方式，实行村级集体资金支付网上审批流程，通过基本存款账户进行银行转账支付。先由村委会和村股份经济合作社报账员在各自监管系统中录入支出申请单，再根据财务审批制度及支出事项，扫描上传经办人、证明人签字的发票、单据以及相关的合同协议、会议决议等原始凭证附件。村报账员确认审批流程完成后，提交网银支付申请，代理中心会计审核通过后实现银联直通支付，涉及大额支付可根据各乡镇具体情况进行联审。

三、实施步骤

（一）制定方案，宣传发动（2021 年 4—5 月）。各乡镇（街）在充分学习研究的基础上，集思广益，结合乡村实际，制定切实可行的具体实施方案，明确任务和时间节点，并按计划组织所属各村稳步开展账务分设工作；此外，要广泛宣传发动，集聚社会力量，形成合力，确保各项工作落实到位。

（二）摸清底数，分离事务（2021 年 6—8 月）。在乡镇统一组织下，全面梳理村委会和村集体经济组织事务和资源资产，摸清底数、登记造册，按照权能属性划分村委会和村集体经济组织事务，货币资金根据来源确定到村委会和村集体经济组织账户，厘清村委会和村集体经济组织职能定位，实行事务分离、账务分设。各村要通过村民（代表）大会和集体经济组织成员（代表）大会，健全组织机构，完善规章制度，明确程序要求，公布账务分设结果，并报乡镇人民政府（街道办事处）审批备案。

（三）账务分设，规范运行（2021 年 8—12 月）。将原来的村级“三资”账户转为村委会账户，健全完善村股份经济合作社账户，两套账户各自独立运行和核算；村委会账户继续按照原“三资”管理模式，由乡镇“三资”代理中心负责管理；村集体经济组织账户全部纳入新建监管平台，由乡镇“三资”代理中心监管或聘请的社会第三方机构负责处理账务；各级要加强财务审计监管，完善制度机制，严格按照制度使用管理账户资金，确保财务运行规范、资金安全。

（四）总结经验，整改提高（2022 年 1—6 月）。自下而上总结账务分设经验不足，及时补差补缺、完善提高，形成常态化运行机制，发挥集体经济组织自主经营优势，促进集体经济发展，实现集体经济发展新机制。

四、工作要求

一要认真组织实施。各乡镇人民政府（街道办事处）是村委会和村股份经济合作社账务分设工作的责任主体，负责所属村账务分设工作，要高度重视，成立工作组，安排专人负责，认真组织实施，确保工作落地落细落实；各村要积极配合，主动作为，严格按程序要求，扎实开展好各项工作；区农业农村局负责业务指导工作，要加强检查指导，协调解决矛盾问题。

二要完善村民委会运转经费保障机制。实施分账管理的村民委员会和村集体经济组织要加强财务收支预决算管理，加大对村民委员会基本运转经费的财政保障力度，村级办公经费、基本公共服务和管理经费纳入财政预算。村委会可向村集体经济组织提出申请，由村集体经济组织按照民主决策程序研究决定，转给村民委会公共服务和社会管理经费。

三要发挥村集体经济组织市场主体功能。村集体经济组织要通过自主经营、合作经营、委托经营、发包租赁、投资入股等方式，发展乡村旅游、休闲农业、文化体验、健康养老、电子商务等新产业新业态，延长产业链条，探索集体经济发展新途径。发挥特殊市场主体作用，充分享受在税收、用地、金融等方面的政策，积极申报或参与小型农田水利、农村环境整治、美丽乡村、高标准农田等涉农项目建设，发挥村集体经济组织功能。

四要规范各项开支程序。严格按照《安徽省农村集体资金资产资源管理若干规定（试行）》（皖办发〔2011〕23 号）精神，加强村集体资产管理，完善集体经济（股份）合作社章程，明确理事会和监事会的职责，凡涉及集体资产和成员切身利益的重大事项，必须提交成员或成员代表大会讨论通过报村“两委”批准后执行，“三资”使用情况要在村务公开栏进行公示。

五要加强检查指导和监督管理。村民委员会账目由乡镇“三资”委托代理中心负责监管，集体经济组织账目由乡镇“三资”委托代理中心负责监管或聘请的社会第三方机构负责处理账务。各级农经、财政要加强会计审核审计，对会计核算中的违规行为应及时制止，在坚持定期审计、任期审计等周期性审计的基础上，加大对涉及集体大额资金、资产、资源领域的专项审计力度。

村民委员会与村股份经济合作社账务分设工作是农村产权制度改革后的产物，也是理顺村务管理和经济职能关系的客观需要，更是推动农村产权制度改革实质性进展的重要举措，各级要充分认识开展村社账务分设工作的重要性和紧迫性，落实必要的工作经费，确保工作推进和任务落实。

附件：村民委员会和村集体经济组织财务收支科目

村民委员会财务收支科目表

一级科目名称	二级科目名称	核算内容
(一)收入科目		
		核算村委会收到财政拨付的基本运行经费等资金(包括专项资金等)
	县级及县级以上部门补助收入	核算村委会收到县级及县级以上部门拨付的补助
补助收入	镇级补助收入	核算村委会收到镇政府拨入的补助
	专项经费补助收入	核算村委会收到农业开发、土地整理、人居环境整治等专项补助
	奖励性收入	核算村委会收到财政部门的以奖代补资金
	其他补助收入	核算有关部门给予村委会的其他补助

续表

一级科目名称	二级科目名称	核算内容
其他收入		核算村委会除“补助收入”以外的其他收入
	利息收入	核算银行存款利息
	捐赠收入	核算其他单位的捐赠
	其他	核算以上收入之外的其他收入
(二)支出科目		
管理费用		核算村委会因办公费、差旅费、会议费等村级组织正常运转所需的费用
	办公费	核算购置办公用品、文印费、水电费、通信费等日常办公所需的费用
	培训费	核算参加有关部门举办培训的费用
	差旅费	核算村干部因公到本县域外发生的车费、住宿费等
	村干部报酬	核算村干部的基本报酬
	村干部考核奖励	核算村干部的考核奖励
	村干部社会保障缴费	核算村干部缴纳的社保费用
	村民组长补贴	核算各村民组组长补贴
	村务监督委员会补贴	核算村务监督委员会补贴
	食堂支出	核算工作期间在村食堂安排的误餐伙食费
	会务费	核算参加上级和本级组织召开的村民代表会议、党员会议等
	交通费	核算村干部因公在本县域范围内发生的交通费
	报刊费	核算订阅党报党刊费
	其他管理费用	核算属于上述管理费用之外的管理开支
公共福利支出		核算村委会用于文化教育、医疗卫生、民政福利等费用
	文教卫支出	核算文化教育支出、医疗卫生支出
	困难户补助	核算发放困难户补助
	五保户补助	核算发放五保户补助
	烈军属补助	核算用于拥军优属方面的支出

续表

一级科目名称	二级科目名称	核算内容
公共福利支出	困难留守儿童补助	核算困难留守儿童补助
	其他福利支出	核算除以上之外的其他福利支出
其他支出		核算公共基础设施、水利、计生、征兵、综治等社会公共福利等方面的支出
	农村基础设施建设支出	核算用于农村基础设施建设及维修、维护支出
	水利兴修防汛抗旱支出	核算水利防汛抗旱等支出
	农户补贴支出	核算发放给农户的补贴
	临时劳务误工补助	核算临时误工、零星劳务补助
	专项经费支出	核算土地平整、农业开发、人居环境整治等专项经费支出
	计生支出	核算计划生育方面的费用
	征兵支出	核算征兵工作所需的开支
	综治支出	核算治安管理的开支
	文明创建支出	核算村庄环境整治、垃圾清运等文明创建费用
	其他	核算除以上之外的其他支出

村集体经济组织财务收支科目表

一级科目名称	二级科目名称	核算说明
(一)收入科目		
经营收入		核算村集体经济组织进行生产、服务等经营活动取得的收入
	农林产品销售收入	核算销售农林产品取得的收入
	物资销售收入	核算销售水稻、种子、化肥等物资取得的收入
	租赁收入	核算集体资产对外租赁产生的收入，主要是房屋租赁收入
	劳务收入	核算对外提供包括机耕服务、运输服务、搬运、装卸等劳务服务取得的收入
	其他经营收入	核算以上四类收入之外的其他经营收入

续表

一级科目名称	二级科目名称	核算说明
发包收入		核算村集体经济组织收到单位、个人承包村集体（农户委托流转）的耕地、林地、果园、鱼塘等上交的承包金等
	耕地承包金	核算村集体的耕地流转发生的收入
	水面承包金	核算水面对外发包产生的收入
	山场承包金	核算山场承包金收入
	林地承包金	核算林地对外发包产生的收入
	其他发包收入	核算以上承包金种类之外的其他发包收入
投资收益		核算村集体经济组织对外投资取得的收益或发生的损失
	长期投资收益	核算长期投资取得的股利、利息或利润等
	短期投资收益	核算短期投资存续期间取得的股利或利息收入，以及转让或兑付时的差价
补助收入		核算村集体经济组织收到财政等有关部门补助的资金
	县级及县级以上部门补助收入	核算县级及县级以上部门拨入补助
	镇级补助收入	核算镇政府拨入补助
	其他补助收入	核算有关部门给予村合作社的补助
其他收入		核算村集体经济组织除“经营收入”“发包收入”和“补助收入”以外的其他收入
	利息收入	核算银行存款利息
	资产盘盈收入	核算村集体资产盘盈
	核销无须偿还的应付款	核算债务清理时无须偿还的应付款
	其他	核算以上收入之外的其他收入
(二)支出科目		
管理费用		核算村集体经济组织因管理活动而发生的各项支出，如办公费、差旅费、会议费、管理性固定资产折旧

续表

一级科目名称	二级科目名称	核算说明
管理费用	办公费	核算购置办公用品、文印费等办公费用
	维修费	核算集体资产维修费
	培训费	核算举办各项培训或参加有关部门举办培训的费用
	差旅费	核算因公到本县域外发生的车费、住宿费等
	会议费	核算管理人员参加上级或本级组织召开的会议费用
	交通费	核算本县域范围内发生的交通费
	报刊费	核算订阅报刊费
	管理人员工资及固定员工工资	核算因生产经营产生的管理人员工资
	社会保险支出	核算管理人员缴纳的保险支出
	非经营性固定资产折旧	核算非经营性固定资产折旧费
	其他	核算村集体经济组织不属于上述管理费用之外的开支
经营支出		核算村集体经济组织因销售商品、农产品、对外提供劳务等活动而发生的实际支出
	销售农林产品成本	核算销售农林产品的成本
	销售物资成本	核算销售产品物资的成本
	提供劳务成本	核算提供劳务发生的成本
	经济林木成本摊销	核算经济林木生产成本摊销
	经济林木投产后管护费	核算经济林木投产后的管护费用
	税金支出	核算购买的财产保险费等
	经营性固定资产折旧	核算经营性固定资产提取的折旧
	其他经营支出	核算不属于以上经营支出的其他经营支出
其他支出		核算村集体经济组织与经营管理活动无直接关系的支出
	利息支出	核算借款利息支出
	公益性固定资产及折旧	核算公益性固定资产及折旧费

续表

一级科目名称	二级科目名称	核算说明
其他支出	资产物资盘亏及损失	核算资产盘亏及损失
	核销的无法收回的应收款	核算无法收回的应收款
	基础设施建设维护费	核算产权归集体经济组织的基础设施建设及维护费
	其他	核算不属于以上支出的其他支出
(三)盈余分配		
收益分配		核算村集体经济组织当年收益的分配（弥补亏损）和历年分配后的结存余额
	各项分配	核算提取公积金、公益金、向投资者分利及农户分配等
	未分配收益	核算留待以后年度进行分配的结存收益

资料来源：www. ja. gov. cn/public/6602161/23919464. html.

【原文】　第三十四条　农村集体经济组织应当使用科学有效的方式采集、存储、管理和运用财务信息，逐步实现信息化管理，确保财务信息的真实性、完整性和可比性。

【解读】　自20世纪90年代互联网技术诞生以来，移动互联网、物联网、云计算、大数据、区块链、人工智能、虚拟现实和增强现实等新一代信息技术的不断发展和逐步成熟，并日益深入地渗透经济社会的各个领域。从2015年颁布的《中国制造2025》（国发〔2015〕28号）、《促进大数据发展行动纲要》（国发〔2015〕50号）等政策出台以来，中央和各级地方政府已陆续推出系列数字经济发展的措施。2020年全球范围内暴发的新冠肺炎疫情进一步加速了这一趋势，世界经济发展已经进入数字经济时代。2021年5月27日，国家统计局颁布了《数字经济及其核心产业统计分类（2021）》（国家统计局令第33号）进一步明确了数字经济及其核心产业的统计分类，数据资源作为一项核心资产，已经越来越为人们所接受并日益受到重视。

随着数字经济的快速发展，建立在云计算、大数据、人工智能等新技术基础上，结合企业互联网模式下的财务转型升级与创新发展的实践而产生的数智财务体系越来越趋于成熟；通过大数据技术进行建模与分析，利用人工智能的技术提供智能化服务，帮助企业打造高效规范的财务管理流程，提高效率、降低成本、控制风险的财务管理平台也陆续见诸市场。从北京财税研究院 2021 年 5 月 21 日举办的“数智化财务（中国）高峰论坛 2021 暨卓越 CFO 颁奖盛典”了解的情况来看，未来数智财务的应用趋势主要体现在①：

1. 财务核算全流程自动化。这是以智能感知、数据爬虫、OCR、电子发票、移动支付、RPA、自然语言理解、基于知识图谱或处理规则的专家系统、会计信息标准以及神经网络等技术为基础，实现财务核算从业务端发起到凭证生成的核算全流程自动化。未来财务人员日常凭证处理、记账基础工作等均将逐步为计算机所取代。

2. 智能财务决策。这是基于数据挖掘、神经网络、知识图谱、遗传算法、BRL、大数据分析、人机对话、智能预警、智能诊断和虚拟展示等技术，运用数量经济学、模糊数学、信息论、控制论、系统论等理论和工具，面向财务预测、控制、分析与决策一体化的系统应用。

3. 企业智能财务共享服务平台。这是以数据爬虫、OCR、专家系统、RPA、电子发票、电子档案、移动计算、财务云、数据挖、数据展示等技术为基础，建立企业自有财务共享服务平台的综合运用。

4. 人机智能一体化业财融合管理平台。这是以云共享、大数据处理、物联网、机器人，以及自然语言理解、深度学习模型等技术

① https：//zhuanlan. zhihu. com/p/374824398.

为基础，强调人脑智能、人工智能和人机互联的相互作用和融合、企业业务活动、财务活动和其他管理活动的深度融合。

从目前用友集团推出的数智管理系统的实际情况来看，用友YonSuite系统是在iuap开放平台上，将制造云（旨在为多工厂、多制造模式的制造型企业提供制造领域核心服务）、采购云（旨在实现全球化采购和网络化协同，降低产品总成本）、供应链云（旨在构建支持供应链弹性扩展、业务快速恢复、始终能保持高效协同和敏捷供应的供应链网络）、营销云（旨在打造一个以客户运营服务为核心的数字营销平台）、人力云（旨在构建提供全新人力资源数字化管理的平台）、财务云（旨在提供实时、精细、多维、可视、智能的新财务综合体系）、协同云（旨在构建统一入口、协同办公、社交沟通、业务协同的统一平台）等系统集成，构建了智能化、可视化的业财融合综合管理平台。

由于我国农村地区地域广阔，各地经济发展水平和信息技术能力不一，农村集体经济组织的发展水平和信息技术能力差距很大。个别农村集体经济发达地区已经开始了集团化、信息化转型；而个别欠发达地区还停留在手工记账和手工算账的阶段。农村集体经济管理要全面实现智能化、可视化还有相当长的一段路要走。

根据《中共中央 国务院关于稳步推进农村集体产权制度改革的意见》有关“加快农村集体资产监督管理平台建设”的要求，农业农村部也在农村集体经济信息化管理领域迈开坚实的步伐。目前已经陆续构建起包括全国农村集体产权管理系统、全国农村集体资产清产核资管理系统、全国农村集体资产财务管理系统、全国农村集体经济组织登记赋码管理系统、全国农村集体资产监督管理数据服务、全国农村集体经济组织信用评价系统等六大核心系统在内的全国农村集体资产监督管理平台，为农村集体资产监督管理信息化、数据化奠定了基础。

全国农村集体资产监督管理平台是为各级农业农村管理部门服务和农村集体经济组织录入数据的平台。县级以上农业农村管理部门可以利用平台办理农村集体经济组织登记赋码，进行数据审核确认、统计查询、分析监管等业务。乡镇、村、组三级农村集体经济组织主要使用农村集体资产清产核资管理系统、农村集体资产财务管理系统、农村集体产权管理系统等，根据上级的安排部署录入相关数据，根据需要进行会计核算。乡镇级农业农村等相关部门可对各乡镇、村、组农村集体经济组织录入的数据进行审核校验，并在确认无误后提交。实行村级会计委托代理的地方，可由乡镇统一录入上报①。未来六大核心系统一旦将集体经济组织的业务活动、财务活动和其他管理活动深度融合，不仅将为全国农村集体经济管理提供全新的数字化信息平台，还将是促进农村集体经济管理更加科学、透明、高效的重要手段。

本制度强调农村集体经济组织应当使用科学有效的方式采集、存储、管理和运用财务信息，逐步实现信息化管理，确保财务信息的真实性、完整性和可比性，正是基于目前全国农村集体资产监督管理平台不断完善的客观现实，也是基于数字经济环境下，农村集体经济监督管理的客观需要。

【原文】 第三十五条　农村集体经济组织应当按照国家统一的会计制度有关规定编制年度财务会计报告，按要求报送乡镇人民政府和农业农村部门、财政部门。

【解读】 我国会计制度体系是由《中华人民共和国会计法》《企业财务会计报告条例》（国务院令第 287 号）、企业会计准则体系和会计制度体系，以及系列应用指南和解释构成的。从我国的企业会计制度体系发展历史来看，大致可以分为以下三个阶段：

第一阶段，分行业会计制度阶段

从 1951 年到 1993 年都是实行分所有制、分行业的会计核算制

① 资料来源：《关于全国农村集体资产监督管理平台上线试运行的通知》。

度。国有工业企业的会计制度由财政部制定，其他会计制度由有关主管部门制定。不同行业、不同所有制企业之间的财务报表缺乏可比性。1992 年底，财政部发布了《企业会计准则》和《企业财务通则》，标志着会计制度开始进行大规模改革。随后，财政部以此为基础，陆续发布了13 个行业的企业会计制度和企业财务制度，同时为配合我国股份制改造，财政部于 1992 年颁布了《股份制试点企业会计制度》，该制度借鉴了国际惯例，试图打破不同行业和所有制企业的界限；1998 年财政部颁布了《股份有限公司会计制度——会计科目和会计报表》（财会字〔1998〕7 号，后于 2001 年 1 月 1 日起废止）以取代原来的《股份制试点企业会计制度》；外商投资企业（〔92〕财会字第 33 号，于 2015 年 2 月 16 日失效）仍单独制定了会计制度，不执行行业会计制度。13 个具体会计制度如下：

序号	制度名称	发文文件号	废止日期	废止文件号
1	工业企业会计制度	〔92〕财会字第 67 号	2016 年 8 月 18 日	财政部令第 83 号
2	商品流通企业会计制度	〔92〕财会字第 69 号	2016 年 8 月 18 日	财政部令第 83 号
3	运输（交通）企业会计制度	〔93〕财会字第 01 号	2011 年 2 月 21 日	财政部令第 83 号
4	运输（铁路）企业会计制度	〔93〕财会字第 08 号	2011 年 2 月 21 日	财政部令第 62 号
5	运输（民用航空）企业会计制度	〔93〕财会字第 12 号	2011 年 2 月 21 日	财政部令第 62 号
6	邮电通信企业会计制度	〔93〕财会字第 13 号	2011 年 2 月 21 日	财政部令第 62 号
7	农业企业会计制度	（92）财农字第 344 号	2008 年 1 月 31 日	财政部令第 48 号
8	房地产开发企业会计制度	〔93〕财会字第 02 号	2016 年 8 月 18 日	财政部令第 83 号

续表

序号	制度名称	发文文件号	废止日期	废止文件号
9	施工企业会计制度	〔92〕财会字第 70 号	2016 年 8 月 18 日	财政部令第 83 号
10	对外经济合作企业会计制度	〔93〕财会字第 03 号	2016 年 8 月 18 日	财政部令第 83 号
11	旅游、饮食服务企业会计制度	〔92〕财会字第 68 号	2016 年 8 月 18 日	财政部令第 83 号
12	金融企业会计制度	〔93〕财会字第 11 号	2003 年 1 月 30 日	财政部令第 16 号
13	保险企业会计制度	〔93〕财会字第 07 号	2011 年 2 月 21 日	财政部令第 62 号

随后，财政部以《企业会计准则》为基础，陆续颁布了包括《企业会计准则——非货币性资产交换》《企业会计准则——关联方关系及其交易的披露》等在内的 17 个具体准则。

对于农村集体经济组织而言，1988 年 12 月 28 日，财政部颁布的《村合作经济组织会计制度（试行）》和《村合作经济组织财务制度（试行）》，为村合作经济组织财务管理和会计核算奠定了制度基础。

第二阶段，统一的企业会计制度阶段

2000 年我国加入 WTO，为发展社会主义市场经济，不断融入国际社会并与国际会计准则接轨，国家对《中华人民共和国会计法》进行修订并颁布《企业财务会计报告条例》（国务院令第 287 号）。为了贯彻执行《中华人民共和国会计法》和《企业财务会计报告条例》，规范企业的会计核算工作，提高会计信息质量，2000 年 12 月 29 日，财政部颁布《关于印发〈企业会计制度〉的通知》（财会〔2000〕25 号），要求自 2001 年 1 月 1 日起率先在股份有限公司范围内实施。随后，财政部颁布《关于外商投资企业执行〈企业会计制度〉有关问题的规定》（财会〔2001〕62 号），要求外商投资企业从 2002 年 1 月 1 日起执行《企业会计制度》，从而实现了不同行业、不同性质企业统一执行《企业会计制度》，大大提高了会计信息的可比性。

《企业会计制度》是深化会计核算制度改革，提高会计信息质量，加强会计国际协调的必然要求。它与分行业会计制度不同，摆脱了原有计划经济对我国会计核算制度的束缚，朝着适应社会主义市场经济对会计核算要求的方向迈进，标志着我国会计改革又一新高潮的到来。《企业会计制度》实现了会计标准实质上的转换，它体现了“以人为本”的精神，带有较多的需要根据经验和所掌握的会计知识进行判断的规定，给予实务工作者较大的职业判断空间。不同行业和不同类型的企业统一执行《企业会计制度》对于规范企业会计核算行为，统一会计核算标准具有重大的现实意义和深远的历史意义[①]。

由于金融企业有着其特殊的业务属性，为适用金融企业的业务特征、规范金融企业会计核算，2001 年 11 月 27 日，财政部颁布《金融企业会计制度》（财会〔2001〕49 号，根据财政部令 2011 年第 62 号规定已自 2011 年 2 月 21 日失效），要求自 2002 年 1 月 1 日起暂在上市的金融企业范围内实施。同时也鼓励其他股份制金融企业实施。

随着《企业会计制度》的实施，对于不对外筹集资金、经营规模较小的企业，执行《企业会计制度》存在一定的局限性。为了规范小企业的会计核算，提高会计信息质量，财政部 2004 年 4 月 27 日颁布《小企业会计制度》（财会〔2004〕2 号，根据财会〔2011〕17 号规定自 2013 年 1 月 1 日起废止），要求在小企业范围内于 2005 年 1 月 1 日起执行。

至此，以《企业会计制度》《金融企业会计制度》和《小企业会计制度》为主要内容，辅以具体行业会计核算办法的会计制度体系基本形成和实施。

---

① 资料来源：《企业会计制度讲解》。

为适应农村税费改革的新情况，搞好村务公开和民主管理，加强村集体经济组织的会计工作，规范村集体经济组织的会计核算，根据《中华人民共和国会计法》及国家有关法律法规，财政部于2004年9月30日颁布《村集体经济组织会计制度》，自2005年1月1日起在村集体经济组织施行，同时废止了财政部1996年颁布的《村合作经济组织会计制度（试行）》。

第三阶段，企业会计准则体系阶段

为适应我国市场经济发展要求、与国际惯例趋同，2006年2月15日，财政部颁布《企业会计准则——基本准则》（财政部令第33号），自2007年1月1日起在上市公司范围内施行，鼓励其他企业执行。同时，财政部印发了《企业会计准则第1号——存货》等38项具体准则（财会〔2006〕3号）。为适应我国企业和资本市场发展的实际需要，实现我国企业会计准则与国际财务报告准则的持续趋同，2014年7月23日，根据《财政部关于修改〈企业会计准则——基本准则〉的决定》对《企业会计准则——基本准则》进行了修订，颁布了《企业会计准则第39号——公允价值计量》《企业会计准则第40号——合营安排》《企业会计准则第41号——在其他主体中权益的披露》3个具体准则，修订了《企业会计准则第30号——财务报表列报》（财会〔2014〕7号）等5个具体准则。2017年后，财政部又颁布了《企业会计准则第42号——持有待售的非流动资产、处置组和终止经营》，陆续修订了《企业会计准则第22号——金融工具确认和计量》（财会〔2017〕7号）等10项具体准则。

截至目前，已经形成了以《企业会计准则——基本准则》为主导、42项具体准则和应用指南，以及14项企业会计准则解释在内的企业会计准则体系，为规范企业会计核算、提高会计信息质量和透明度，实现我国企业会计准则与国际财务报告准则的持续趋同奠定了制度框架体系。

对于农村集体经济组织而言，由于我国农村集体经济会计的环境特征主要表现为会计信息的主要使用者仍是政府部门、农村地区经济发展水平极不均衡、市场发育尚不完善、会计人员整体业务素质还不高等多方面原因，以及农村集体经济组织经营业务范围和业务特点，不宜直接采用企业会计准则体系，目前仍必须遵循《村集体经济组织会计制度》的相关规定。但应当明确的是，随着农村集体经济的不断发展、城镇化建设和农村集体经济产权制度改革的不断推进，农村集体经济组织无论是组织形式还是经营业务的性质都发生了显著变化，《村集体经济组织会计制度》颁布实施已经 16 年之久，非常有必要根据农村集体经济发展现状，对《村集体经济组织会计制度》进行修订。

本制度强调农村集体经济组织应当按照国家统一的会计制度有关规定编制年度财务会计报告，是对农村集体经济组织会计信息可比性的基本要求，同时明确按要求报送乡镇人民政府和农业农村部门、财政部门，是为政府部门加强农村集体经济管理、促进集体经济持续稳定发展提供有效的财务会计信息，提高政府决策的科学性和有效性。

【原文】 **第三十六条 农村集体经济组织应当建立财务公开制度，以易于理解和接受的形式公开财务信息，接受成员监督。**

【解读】 为了加强对农村集体经济组织财务活动的管理和民主监督，促进农村经济发展和农村社会稳定，1997 年 12 月 16 日，农业部、监察部联合印发了《村集体经济组织财务公开暂行规定》，对农村集体经济组织财务公开的内容、公开方式、民主管理和民主监督做出了具体规定。

随着农村城镇化的不断发展和农村产权制度改革的不断推进，新型农村集体经济组织和新的业态不断涌现，为切实加强农村社会管理，进一步完善农村集体经济组织财务公开、民主管理和民主监督，2011 年 11 月 21 日印发的《农业部 监察部关于印发〈农村集体经济组织财务公开规定〉的通知》（农经发〔2011〕13 号），要求按村或村民小组设置的集体经济组织、代行村集体经济组织职能的村民委员会（村民小组）、撤村后代行原村集体经济组织职能的农村社区（居委会）、村集体经济组织产权制度改革后成立的股份合作经济组织等执行财务公开制度，要求村集体经济组织应当将其财务活动情况及其有关账目，以便于群众理解和接受的形式如实向全体成员公开，接受成员监督。

为了更好地落实财务公开制度，农经发〔2011〕13 号文件明确要求建立健全监督机制，即要求建立以群众代表为主组成的民主理财小组，对财务公开活动进行监督；并对理财小组成员数量及构成进行了具体规定。与此同时，农经发〔2011〕13 号文件对财务公开的内容、公开时间、公开形式、公开信息质量要求，以及集体经济组织成员、村集体经济组织民主理财小组、乡（镇）党委和政府、县级以上农村经营管理部门行使的监督和指导权责进行了明确，为村集体经济组织财务公开制度的具体实施做出详细规定。

本制度要求农村集体经济组织不仅应当建立财务公开制度，而且要求以易于理解和接受的形式公开财务信息，并接受成员监督。一方面是从集体经济组织财务管理的角度与原制度达成协同效应；另一方面也是对个别地方的集体经济组织财务公开内容含混笼统、公开方式不规范、公开时间不及时，财务公开监督不力、财务公开名不副实的警醒，从财务管理的角度进一步强调财务公开要求。

【原文】 第三十七条　农村集体经济组织应当按照《会计档案管理办法》等有关规定，加强会计档案建设和管理，做好会计资料的保管工作。

【解读】 会计档案包括会计凭证（包括原始凭证、记账凭证）、会计账簿（包括总账、明细账、日记账、固定资产卡片及其他辅助性账簿）、财务会计报告（包括月度、季度、半年度、年度财务会计报告）等在内的会计核算专业资料，以及银行存款余额调节表、银行对账单、纳税申报表、会计档案移交清册、会计档案保管清册、会计档案销毁清册、会计档案鉴定意见书及其他具有保存价值的会计资料。会计档案是记录和反映经济活动的重要史料和关键证据，可以反映出每项经济业务的来龙去脉，能为经济分析和经济决策提供最有价值的信息资料。会计档案是对一个单位经济活动的全面记录和反映，通过它不仅可以了解一个单位经济活动的全貌，还可以通过它检查一个单位是否遵纪守法、有无违法乱纪行为。同时，会计档案也是国家档案的重要组成部分，可以为国家制定宏观经济政策提供参考。加强农村集体经济组织会计档案的管理，可以促进农村集体经济组织财务管理水平的提高，更好地为促进农村集体经济发展和农村集体经济产权制度改革服务。

1984 年 6 月 1 日，财政部、国家档案局发布《会计档案管理办法》，在加强单位会计档案管理、促进会计作为单位经济和国家经济建设服务等方面发挥了积极的作用。随着我国社会主义市场经济的发展，经济和会计工作中的新情况、新问题不断出现，1998 年 8 月 21 日，财政部发布第一次修订的《会计档案管理办法》（财会字〔1998〕32 号）。

随着以互联网为基础的新业态、新模式蓬勃兴起；国家着力推进绿色发展、循环发展、低碳发展，形成节约资源和保护环境的空间格局、产业结构、生产方式、生活方式；大力推动电子会计数据的深度开发和有效利用，推进国家治理能力现代化；对档案管理，尤其是对电子档案管理和会计电子数据的深度利用提出了更高要求。基于国家经济环境的变化和档案管理要求，2015 年 12 月 11 日，财政部和国家档案局联合下发了第二次修订的《会计档案管理办法》（财政部档案局令第 79 号）。根据第二次修订的《会计档案管理办法》，农村集体经济组织的会计档案保管期限如下：

序号	档案名称	保管期限	备注
一、会计凭证			
1	原始凭证	30 年	
2	记账凭证	30 年	
二、会计账簿			
3	总账	30 年	
4	明细账	30 年	
5	日记账	30 年	
6	固定资产卡片	固定资产报废清理后保管 5 年	
7	其他辅助性账簿	30 年	
三、财务会计报告			
8	月度、季度、半年度财务会计报告	10 年	
9	年度财务会计报告	永久	
四、其他会计资料			
10	银行存款余额调节表	10 年	
11	银行对账单	10 年	
12	纳税申报表	10 年	
13	会计档案移交清册	30 年	
14	会计档案保管清册	永久	
15	会计档案销毁清册	永久	
16	会计档案鉴定意见书	永久	

本制度要求农村集体经济组织按照《会计档案管理办法》等有关规定，加强会计档案建设和管理，做好会计资料的保管工作，以确保会计档案的规范、完整。

第八章　附则

【原文】　第三十八条　依法代行农村集体经济组织职能的村民委员会、村民小组等参照执行本制度。

【解读】　《中华人民共和国宪法》第一百一十一条规定，城市和农村按居民居住地区设立的居民委员会或者村民委员会是基层群众性自治组织。

《中华人民共和国民法典》第一百零一条规定，居民委员会、村民委员会具有基层群众性自治组织法人资格，可以从事为履行职能所需要的民事活动；未设立村集体经济组织的，村民委员会可以依法代行村集体经济组织的职能。

2018 年修订的《中华人民共和国村民委员会组织法》第二条规定，村民委员会是村民自我管理、自我教育、自我服务的基层群众性自治组织，实行民主选举、民主决策、民主管理、民主监督；村民委员会办理本村的公共事务和公益事业，调解民间纠纷，协助维护社会治安，向人民政府反映村民的意见、要求和提出建议；村民委员会向村民会议、村民代表会议负责并报告工作。第八条规定，村民委员会应当支持和组织村民依法发展各种形式的合作经济和其他经济，承担本村生产的服务和协调工作，促进农村生产建设和经济发展；村民委员会依照法律规定，管理本村属于村农民集体所有的土地和其他财产，引导村民合理利用自然资源，保护和改善生态环境；村民委员会应当尊重并支持集体经济组织依法独立进行经济活动的自主权，维护以家庭承包经营为基础、统分结合的双层经营体制，保障集体经济组织和村民、承包经营户、联户或者合伙的合法财产权和其他合法权益。

《中华人民共和国土地管理法》第十一条规定，农民集体所有的土地依法属于村农民集体所有的，由村集体经济组织或者村民委员会经营、管理；已经分别属于村内两个以上农村集体经济组织的农民集体所有的，由村内各该农村集体经济组织或者村民小组经营、管理；已经属于乡（镇）农民集体所有的，由乡（镇）农村集体经济组织经营、管理。

《中华人民共和国农村土地承包法》第十三条规定，农民集体所有的土地依法属于村农民集体所有的，由村集体经济组织或者村民委员会发包；已经分别属于村内两个以上农村集体经济组织的农民集体所有的，由村内各该农村集体经济组织或者村民小组发包。村集体经济组织或者村民委员会发包的，不得改变村内各集体经济组织农民集体所有土地的所有权。国家所有依法由农民集体使用的农村土地，由使用该土地的农村集体经济组织、村民委员会或者村民小组发包。

2017 年 12 月 26 日，原农业部等九部委联合印发的《农业部 财政部 国土资源部 水利部 国家林业局 教育部 文化部 国家卫生计生委 体育总局关于全面开展农村集体资产清产核资工作的通知》（农经发〔2017〕11 号）规定，农村集体资产清产核资的对象是乡镇、村、组集体经济组织，包括未建立村、组集体经济组织或者村、组集体经济组织不健全，代行其集体资产管理职能的村民委员会、村民小组或其他单位，撤村建居后代行原集体经济组织职能的社区居民委员会。

上述文件明确了未设立村集体经济组织的，村民委员会、村民小组可以依法代行村集体经济组织的职能。而历史形成的以公社、大队、生产队三级所有、以生产队为基本核算单位的三级核算体制逐步演变成以乡（镇）、村、组三级所有，以组为基本核算单位的三级核算体系客观上也决定了我国部分地区仍由村民委员会、村民小组代行农村集体经济组织职能。

因此，本制度要求代行农村集体经济组织职能的村民委员会、村民小组等参照执行，有助于规范村民委员会、村民小组的财务管理，有力地保障了集体经济组织成员权益。

【原文】　**第三十九条　地方农业农村部门、财政部门可根据本制度，结合实际情况制定具体实施细则。**

【解读】　由于我国农村地区地域广阔，各地农村集体经济发展极不平衡，本制度充分考虑了实际情况，充分体现制度的包容性，不能“一刀切”。

各地在具体实施财务制度时，必须充分考虑各地农村要素禀赋、人才队伍水平、经济发展状况、产权改革进程等地区差异和不同发展阶段；需要涵盖不同类型农村集体经济组织特点；涉及改革内容的，需要为改革后的农村集体经济组织留出弹性空间。

因此，本制度授权地方农业农村部门和财政部门可依据本制度的规定，结合自身客观条件，因地制宜，制定具体实施细则。

【原文】　**第四十条　本制度自 2022 年 1 月 1 日起施行。**

【解读】　本条明确，本制度的实施时间为自 2022 年 1 月 1 日起。

附录：

《农村集体经济组织财务制度》与《村合作经济组织财务制度（试行）》比较分析

《农村集体经济组织财务制度》（以下简称 2022 年制度）	《村合作经济组织财务制度（试行）》（以下简称 1996 年制度）	比较分析
总则	总则	
第一条 为加强农村集体经济组织财务管理，规范农村集体经济组织财务行为，巩固农村集体产权制度改革成果，保障农村集体经济组织及其成员的合法权益，促进农村集体经济发展，根据有关法律、行政法规，结合农村集体经济组织实际情况，制定本制度。	**第一条** 为了适应社会主义市场经济发展的需要，规范村合作经济组织的财务行为，稳定和完善以家庭联产承包为主的责任制和统分结合的双层经营体制，根据《企业财务通则》的原则和精神，结合村合作经济组织的实际情况，制定本制度。	1. 不同历史时期，财务管理的目的不尽相同。1996 年制度以稳定和完善以家庭联产承包为主的责任制和统分结合的双层经营体制为目标；2022 年制度则以巩固农村集体产权制度改革成果，保障农村集体经济组织及其成员的合法权益为主。 2. 依据不尽相同。1996 年制度出台在“两则两制”改革之后，主要依据《企业财务通则》的原则和精神，而近年来关于农村集体经济组织的相关法律法规日臻完善，各地相关资金资产资源管理文件日益规范，2022 年制度主要依据相关法律和行政法规。

续表

《农村集体经济组织财务制度》（以下简称 2022 年制度）	《村合作经济组织财务制度（试行）》（以下简称 1996 年制度）	比较分析
总则	总则	
第二条　中华人民共和国境内依法设立的农村集体经济组织适用本制度。	**第二条**　本制度适用于按行政村、自然村或原生产大队、生产队设置的社区性合作经济组织（以下称村合作经济组织）。村办企业执行行业企业财务制度。	1. 随着农村集体经济产权制度改革的不断推进，农村集体经济组织形式发生了巨大变化，2022 年制度对适用范围的表述进行了调整。 2. 2022 年制度不再强调村办企业执行《企业财务制度》。
第三条　农村集体经济组织应当建立健全财务管理制度，如实反映农村集体经济组织的财务状况。合理筹集资金，管好用好集体资产，建立健全收益分配制度和激励约束机制，加强财务信息管理，完善财务监督，控制财务风险，实现集体资产保值增值，推动集体经济发展。	**第四条**　村合作经济组织应建立健全财务管理制度，如实反映村合作经济组织的财务状况，正确处理国家、集体、个人以及集体内部各行业、各经营层次之间的经济利益关系，维护生产经营者的合法权益，保护集体资产的安全与完整。	2022 年制度从财务管理内容出发，更加强调合理筹集资金、加强运营管理、完善收益分配、加强财务信息管理和完善财务监督、控制财务风险，更加符合现代财务管理的内在逻辑，更加符合目前农村集体经济组织财务管理内生要求。
第四条　农村集体经济组织财务活动应当遵循以下原则： （一）民主管理。保障农村集体经济组织成员对财务活动和财务成果的知情权、参与权、表达权、监	**第三条**　村合作经济组织是社会主义劳动群众集体所有制经济组织，有独立进行经济活动的自主权，其合法权益受法律保护。任何单位和个人都不准侵犯、平调村合作经济组织的财产和向其摊	1. 2022 年制度更加精简，对已经在相关法律法规中明确的内容，不再重述。 2. 2022 年制度结合近年来国家对农村集体经济组织财务管理的相关要求和发展现状，提出了财务管理

续表

《农村集体经济组织财务制度》（以下简称2022年制度）	《村合作经济组织财务制度（试行）》（以下简称1996年制度）	比较分析
总则	总则	
督权，实行民主管理和民主监督。 （二）公开透明。财务活动情况及其有关账目，重大经济事项等应当向全体成员公开。 （三）成员受益。保障全体成员享受农村集体经济发展成果。 （四）支持公益。农村集体经济发展成果应当用于村级组织运转保障、农村公益事业。	派。村合作经济组织的财务管理工作，要贯彻执行党和国家在农村的方针政策及有关法律法规；适应家庭联产承包责任制的需要和双层经营体制的特点，坚持统一管理与分散管理相结合的原则；实行计划管理和民主管理；坚持自力更生、勤俭办事业的原则。	新的四大原则，明确提出“支持公益原则”并要求农村集体经济发展成果应当用于村级组织运转保障、农村公益事业。
第五条　农村集体经济组织的财务活动应当依法依规接受乡镇人民政府（包括街道办事处，下同）和农业农村部门、财政部门的监督指导，接受审计等相关部门的监督。	**第五条**　村合作经济组织要完善内部承包经营责任制，搞好各项承包合同的签订、结算和兑现工作，加强对所属企事业单位财务活动的管理和监督，指导有关农户搞好经济核算。 **第七条**　村合作经济组织的财务工作要接受业务主管部门（即农村合作经济经营管理部门，下同）和财政部门的指导和监督。	1996年制度对所属企事业单位的监督作出相应的规定，强调要求接受业务主管部门和财政部门的监督管理。2022年制度中保留主管部门和财政部门指导监督权的同时，增加了乡镇人民政府的监督指导和审计等部门的监督权。

续表

《农村集体经济组织财务制度》（以下简称 2022 年制度）	《村合作经济组织财务制度（试行）》（以下简称 1996 年制度）	比较分析
总则	总则	
第六条　建立健全农村集体经济组织负责人任期和离任审计制度，将新增债务作为重点审计内容。	**第六条**　村合作经济组织应当做好财务管理基础工作。各项财产物资的增减要有完整的原始记录；各项收支活动要做到手续齐全，内容合理；平时不定期地进行财产清查，年度终了前，要进行一次全面财产清查。	1996 年制度对做好财务管理基础工作进行了具体明确；2022 年制度侧重于财务监督，落实财务管理责任。制度明确要求建立健全农村集体经济组织负责人任期和离任审计制度；并结合近年来农村集体经济发展现状，将对新增债务的审计作为重点内容。
第二章　财务管理主体及职责		
第七条　农村集体经济组织财务管理工作应当在农村基层党组织领导下，由成员（代表）大会、理事会、监事会和会计人员等按规定履行职责。农村集体经济组织应当依法依规配备专（兼）职会计人员，也可以根据实际需要实行委托代理记账。 重大财务事项决策参照执行“四议两公开”机制，并报乡镇党委、政府或农业农村部门审核或备案。	**总则第五条**　村集体经济组织应配备必要的会计人员，也可以按照民主、自愿的原则，委托乡（镇）经营管理机构及代理记账机构代理记账、核算。 **第九章　财会人员** **第五十六条**　村合作经济组织应设置财务机构，配备财会人员，包括会计员、出纳员等。会计员、出纳员之间不得互相兼职。 经济比较发达的村合作经济组织，应根据工作的需要，分别设置总会计（主管会计）	1996 年制度对财务管理内部主体集中在财务机构和财会人员；2022 年制度对财务管理内部主体进行了丰富，增加了成员（代表）大会、理事会、监事会；并对财务管理和财务决策流程进行了明确规定。

续表

《农村集体经济组织财务制度》(以下简称2022年制度)	《村合作经济组织财务制度(试行)》(以下简称1996年制度)	比较分析
总则	总则	
	和专业会计。总会计（主管会计）管理和指导专业会计（包括所属企事业单位和所辖的农业生产合作社的会计人员）搞好会计工作。	
第八条 成员（代表）大会的财务管理职责主要包括： （一）审议、决定本集体经济组织内部财务管理制度、年度财务计划、重大财务收支事项、年度收益分配方案等； （二）审议、决定本集体经济组织资金筹集、资产资源发包租赁、对外投资、资产处置等事项； （三）审议、决定本集体经济组织主要经营管理人员薪酬，并对其实施监督和考核； （四）对理事会和监事会年度财务管理、监督工作提出质询和改进意见； （五）其他需要成员（代表）大会决定的重大财务事项。	**第九章 财会人员** **第五十八条** 村合作经济组织财会人员有权参与本单位各项财务计划的编制和参加有关生产、经营管理的会议；有权对本单位有关资金的筹集、使用和财产保管等方面的工作提出建议和进行检查监督；有权向上级和有关部门报告村合作经济组织的财务收支情况，反映财务管理方面的问题；有权不办理违反财务制度的收支；对认为是违反财务制度的收支，应立即制止和纠正；制止和纠正无效的，应向乡（镇）业务主管部门提出书面报告，要求处理。否则，财会人员负有一定的责任。	1. 2022年制度将财务管理职责在内部财务管理主体之间进行有效划分，确保财务管理权责明晰；体现了由“财务人员管理财务”向“全流程财务管理”观念的转变。 2. 新增了成员（代表）大会的财务管理职责。

续表

《农村集体经济组织财务制度》（以下简称2022年制度）	《村合作经济组织财务制度（试行）》（以下简称1996年制度）	比较分析
总则	总则	
第九条 理事会的财务管理职责主要包括： （一）起草、执行本集体经济组织内部财务管理制度、年度财务计划、年度收益分配方案等； （二）实施本集体经济组织资金筹集、资产资源发包租赁、对外投资、资产处置等经营活动，签订经济合同并督促合同履行； （三）提出本集体经济组织主要经营管理人员薪酬的建议，决定其他工作人员薪酬； （四）向成员（代表）大会报告年度财务执行情况； （五）执行本集体经济组织章程规定及成员（代表）大会决定的其他财务事项。		2022年制度新增了理事会的财务管理职责。
第十条 监事会的财务管理职责主要包括： （一）监督农村集体经济组织财务活动，组织开展民主理财； （二）监督理事会、主要		2022年制度增加了监事会的财务管理职责。

续表

《农村集体经济组织财务制度》（以下简称2022年制度）	《村合作经济组织财务制度（试行）》（以下简称1996年制度）	比较分析
总则	总则	
经营管理人员和会计人员履职行为，对损害本集体经济组织利益，违反法律、法规、行政规章、组织章程或者成员（代表）大会决议的财务行为提出：质询和改进建议，对理事、主要经营管理人员和会计人员提出罢免或解聘建议； （三）协助地方政府及有关部门做好对农村集体经济组织的审计监督工作； （四）向成员（代表）大会报告年度财务监督情况； （五）执行本集体经济组织章程规定及成员（代表）大会决定的其他财务监督事项。		
第十一条 会计人员的财务管理职责主要包括： （一）会计主管人员负责组织本集体经济组织的会计工作，审核本集体经济组织的财务会计报告，在财务会计报告上签名并盖章； （二）会计人员负责本集	**第九章 财会人员** **第五十七条** 村合作经济组织的财会人员要坚持四项基本原则，认真贯彻执行党和国家的经济政策、法令、制度，遵守财经纪律；认真负责，廉洁奉公，全心全意为人民服务；努力学习，积极钻研业务，不断提高自己的	1996年制度侧重对财会人员综合要求；2022年版本明确了财会人员的职责。

续表

《农村集体经济组织财务制度》（以下简称 2022 年制度）	《村合作经济组织财务制度（试行）》（以下简称 1996 年制度）	比较分析
总则	总则	
体经济组织会计凭证审核及填制、会计账簿登记及核算、财务会计报告编制及报送、稽核、会计档案保管、财务公开等日常工作。配合开展集体资产年度清查、审计和调查工作。	政治、业务素质，做好本职工作；敢于坚持原则，反对侵犯集体经济和农民利益的行为，同违反财经纪律的行为作斗争。 **第五十九条**　村合作经济组织的会计人员要接受上级主管部门的管理、培训和考核，并根据其政治思想、业务水平、工作实绩和从事财会工作的年限等条件，按有关规定颁发会计证和评定技术职称。要逐步实行凭证上岗制度。 **第六十条**　村合作经济组织会计人员要保持相对稳定，无正当理由，任何单位和个人都不得随意调换。 村合作经济组织会计人员的任免和调换，必须经成员大会或成员代表大会讨论通过，乡（镇）业务主管部门考核、批准，报县业务主管部门备案。 村主要干部的直系亲属不得任该村合作经济组织的财会人员。 财会人员调动或离职时，必	

续表

《农村集体经济组织财务制度》（以下简称2022年制度）	《村合作经济组织财务制度（试行）》（以下简称1996年制度）	比较分析
总则	总则	
	须按规定办理交接手续，编制交接清单，移交人、接交人、监交人要签字盖章，乡（镇）业务主管部门验印存档。在未办清交接手续以前，财会人员不得离职。 **第六十一条** 村合作经济组织及其领导干部要支持财会人员履行工作职责，保证财会人员行使其工作权利。任何人不得打击报复财会人员。对于坚持原则，忠于职守，廉洁奉公并取得显著成绩的财会人员要给予表彰和奖励；对不负责任，造成损失或违反财经纪律和财务制度的财会人员要进行批评、教育和处罚。 **第六十二条** 村合作经济组织总会计（主管会计）享受与村其他主要干部同等的劳动报酬和福利待遇。	
第三章 资金筹集	**第二章 资金筹集**	
第十二条 农村集体经济组织可依法依规采取多种形式筹集资金。筹集资金应当履行本集体经济组织	**第八条** 村合作经济组织根据有关法律、法规规定，可以采取多种形式筹集资本。资本分为村（组）资本、外	1996年制度明确了资本分类；2022年制度强调筹资决策程序，筹资方式、筹资规模和用途，以及筹资

续表

《农村集体经济组织财务制度》（以下简称2022年制度）	《村合作经济组织财务制度（试行）》（以下简称1996年制度）	比较分析
总则	总则	
决策程序，确定筹资方式、规模和用途，控制筹资成本和风险。	单位资本、个人资本、国家资本等。村（组）资本指村（组）以其依法可以支配的资产和劳务投入村合作经济组织形成的资本（包括原生产队积累折股股金和合作化时期形成的股份基金）。外单位资本指村合作经济组织以外的单位以其依法可以支配的资产投入村合作经济组织形成的资本。个人资本指村合作经济组织内部成员或社会个人以个人合法财产投入村合作经济组织形成的资本。国家资本指有权代表国家投资的政府部门或者机构以国有资产投入村合作经济组织形成的资本。	成本和筹资风险管理，更加突出了现代财务管理的内容。
	第九条　村合作经济组织筹集的资本，投资者除依法转让外，不得随意抽走。在特殊情况下确实需要抽走的，须经成员大会或成员代表大会讨论决定。	基于村集体经济组织的资本构成有其特殊的成员属性，2022年制度删除了资本转让和抽走投资的规定。

续表

《农村集体经济组织财务制度》（以下简称 2022 年制度）	《村合作经济组织财务制度（试行）》（以下简称 1996 年制度）	比较分析
总则	总则	
第十三条 农村集体经济组织从各级政府获得资金或其他资产的，按照有关规定执行并接受监管。通过接受捐赠获得资金或其他资产的，应当及时入账，加强管理。	**第十条** 村合作经济组织对投入的资产要按有关规定进行评估。投入的劳务要合理计价。 **第十一条** 村合作经济组织在筹集资本活动中，接受捐赠的财产以及资产评估确认价值或者合同、协议约定价值与原账面净值的差额等，计入公积金。	1996 年制度更加注重具体操作，并且明确了接受捐赠的财务处理。2022 年制度进行了原则性规定，也体现了财务管理理念从“规则导向”向“原则导向”的转变。
第十四条 农村集体经济组织采用“一事一议”方式筹资的，应当符合有关法律法规和政策要求，遵循量力而行、成员受益、民主决策、上限控制等原则，做到专款专用，确保资金用途的合法性、合理性和有效性。		随着农村集体经济组织采用“一事一议”方式筹资的增多，2022 年制度对“一事一议”方式筹资的财务管理要求做出了明确规定。
第十五条 农村集体经济组织不得举债兴办公益事业；举债从事经营性活动应当纳入村级重大事项决策范围，参照执行“四议两公开”机制，并报乡镇党委、政府或农业农村部门审核或备案。	**第十二条** 村合作经济组织的负债包括流动负债和长期负债。流动负债指偿还期在一年以内的债务，包括短期借款、应付款项等。长期负债指偿还期超过一年的债务，包括长期借款及应付款项等。 **第十三条** 村合作经济组织	1. 1996 年制度明确了流动负债和长期负债的类型及其财务处理；2022 年制度明确了举债的用途。 2. 1996 年制度明确了大额举债的程序是经民主理财组织或成员代表大会讨论；2022 年制度明确了举债的

续表

《农村集体经济组织财务制度》（以下简称 2022 年制度）	《村合作经济组织财务制度（试行）》（以下简称 1996 年制度）	比较分析
总则	总则	
农村集体经济组织直接与社会资本合作从事经营活动的，应当在合同中明确权责边界及收益分配。 严禁将农村集体经济组织债务转嫁给地方政府。	的负债按实际发生的数额计价，其利息支出计入其他支出。对发生因债权人特殊原因确实无法支付的应付款项，计入其他收入。 **第十四条**　村合作经济组织应合理举债，按期偿还各项债务。大额借债要经民主理财组织或成员代表大会讨论决定。	决策程序要参照“四议两公开”程序并报乡镇党委、政府或农业农村部门审核，管理更加严格。 3. 基于 2022 年制度删除了资本转让和抽走投资的规定，本条强调了与社会资本合作的财务管理要求。 4. 基于目前降低债务风险的管理要求，2022 年制度强调了严禁将农村集体经济组织债务转嫁给地方政府。
第四章　资产运营		
第十六条　农村集体经济组织应当按照有关法律、法规、政策以及组织章程加强现金、银行存款、应收款项、存货等流动资产管理，落实经营管理责任。严禁公款私存和私设小金库，加强票据管理，杜绝“白条”抵库。	**第三章　流动资产** **第十五条**　村合作经济组织的流动资产包括现金、各种存款、应收款项、存货等。 **第十六条**　村合作经济组织要严格执行国家《现金管理暂行条例》，建立健全现金、存款内部控制制度。 **第十七条**　村合作经济组织应严格执行账款分别管理制度。配备现金出纳员，负责办理库存现金的收支和保管工作，并建立岗位责任制。	1. 1996 年制度按照对流动资产的划分，逐项对其财务管理要求进行了明确；2022 年制度只对流动资产管理做了原则性的规定，要求按照相关法律、法规、政策以及组织章程进行管理，并落实管理责任。为各地财务管理细则的出台和后期农村集体经济组织会计制度的颁布留出了空间。 2. 随着国家对“小金库”

续表

《农村集体经济组织财务制度》（以下简称 2022 年制度）	《村合作经济组织财务制度（试行）》（以下简称 1996 年制度）	比较分析
总则	总则	
	现金出纳员不登记会计记录，非现金出纳员不得管理现金。 **第十八条** 村合作经济组织向单位和农户收取现金时要手续完备，使用统一规定的收款凭证，并及时入账。不准以白条抵库，不准坐支，不准挪用，不准公款私存。库存现金不得超过规定限额。 **第十九条** 村合作经济组织必须建立健全现金开支审批制度，严格现金开支审批手续。计划内的现金开支要由主管财务的领导审批。对手续不完备的开支，不准付款；对不合理的开支，出纳人员有权拒绝付款并向上级主管部门反映。 **第二十条** 村合作经济组织要及时、准确地核算现金收入、支出和结存，做到日清月结，账款相符。会计员与出纳员要定期核对现金及存款账。 **第二十一条** 村合作经济组织要加强对银行存款的管理。支票、存折和印鉴应分别妥善保管，定期与银行或信用	的严厉查处和反腐力度的不断加强，2022 年制度在保留了 1996 年制度要求的“严禁公款私存”和“杜绝‘白条’抵库”规定的基础上，还增加了严禁“私设小金库”。

续表

《农村集体经济组织财务制度》（以下简称 2022 年制度）	《村合作经济组织财务制度（试行）》（以下简称 1996 年制度）	比较分析
总则	总则	
	社核对账目。不出租出借银行账户，不签发空头支票和远期支票，不套取银行信用。 **第二十二条**　村合作经济组织可在不改变集体资金所有权的前提下，将暂时闲置的货币资金，按照自愿互利、有偿使用的原则，加入乡（镇）、村农村合作基金会，用于内部资金融通，以提高资金的使用效益。 **第二十三条**　村合作经济组织的应收款项包括单位和个人的各项欠款。村合作经济组织对拖欠的应收款项要采取切实可行的措施积极催收。对债务单位撤销，依照民事诉讼法确实无法追还，或债务人死亡，既无遗产可以清偿，又无义务承担人，确实无法收回的款项，要由乡（镇）业务主管部门审查，经成员大会或成员代表大会讨论后核销，计入其他支出。但由有关责任人造成的损失，应酌情由其赔偿。任何人不得擅自决定应收款项的减免。 **第二十四条**　村合作经济组	

续表

《农村集体经济组织财务制度》（以下简称 2022 年制度）	《村合作经济组织财务制度（试行）》（以下简称 1996 年制度）	比较分析
总则	总则	
	织的存货包括种子、化肥、燃料、农药、原材料、机械零配件、低值易耗品、在产品、幼畜和育肥畜、产成品等。 存货按照下列原则计价：购入的物资按照买价加运输费、装卸费及途中合理损耗等计价。生产入库的农产品，凡国家规定有定购价的，按定购价计价；没有定购价的，按该项农产品大宗上市时的市场平均价计价。幼畜和育肥畜及工业产品平时在账外进行登记，不单独计价；转出或出售时，按市价计价。 **第二十五条**　村合作经济组织必须建立健全存货的保管、领用制度。存货入库时，由会计填写入库单，保管员根据入库单清点验收，核对无误后入库；出库时，由会计填写出库单，主管负责人批准，领用人签名盖章，保管员根据出库单出库。要建立保管人员岗位责任制。 **第二十六条**　村合作经济组织对存货要定期盘点核对，	

续表

《农村集体经济组织财务制度》（以下简称 2022 年制度）	《村合作经济组织财务制度（试行）》（以下简称 1996 年制度）	比较分析
总则	总则	
	做到账实相符，年度终了前必须进行一次全面的盘点清查。盘盈的存货，按实际价格计入其他收入。盘亏、毁损和报废的存货，按实际价格扣除过失人或者保险公司赔款和残料价值之后，计入其他支出。	
第十七条　农村集体经济组织应当按照有关法律、法规、政策以及组织章程加强固定资产购建、使用、处置管理，落实经营管理责任，依法合规计提折旧。在建工程项目验收合格、交付使用后，应当及时办理竣工决算手续。	**第四章　固定资产及其他资产** **第二十七条**　村合作经济组织的房屋、建筑物、机器、设备、工具、器具、产畜、役畜、经济林木和农业基本建设设施等劳动资料，凡使用年限在一年以上，单位价值在 300 元以上的列为固定资产。有些主要生产工具和设备，单位价值虽低于规定标准，但使用年限在一年以上的也可列为固定资产。各省、自治区、直辖市业务主管部门可根据实际情况，制定固定资产目录，报同级财政部门备案。 **第二十八条**　村合作经济组织应按下列规定确定固定资	1. 1996 年制度对固定资产的分类、价值标准和财务处理做出了明确规定；基于有关部门对农村集体经济组织的“三资”管理做出了比较详细的规定，2022 年制度对固定资产管理强调要求按照有关法律、法规、政策以及组织章程的管理的同时，要求对固定资产购建、使用、处置的全周期进行管理并落实管理责任，不再强调固定资产的财务处理，为各地财务管理细则制定和后期农村集体经济组织会计制度的颁布留出了空间。 2. 1996 年制度对如何计提折旧做了详细规定；2022

续表

《农村集体经济组织财务制度》（以下简称2022年制度）	《村合作经济组织财务制度（试行）》（以下简称1996年制度）	比较分析
总则	总则	
	产的入账价值： 1. 购入的固定资产，不需要安装的，按买价加采购费、包装费、保险费、运杂费等计价；需要安装或改装的，还应加上安装费或改装费。 2. 新建的农业基本建设设施、房屋及建筑物等固定资产，按竣工验收、交付使用的决算价计价。 3. 接受捐赠的固定资产，应按发票所列金额加上实际发生的运输费、保险费、安装调试费等计价；无所附单据的，按同类设备的市价计价。 4. 在原有固定资产基础上进行改造、扩建的，按原有固定资产的价值，加上改造、扩建而增加的费用，减去改造、扩建工程中发生的变价收入计价。 5. 投资者投入的固定资产，按照评估确认或者合同、协议约定的价值加上新发生的包装费、运杂费和安装费等计价。 6. 经济林木开始有正常收入时转作固定资产，按实际支	年制度对折旧只做了原则性规定，为各地财务管理细则制定和后期农村集体经济组织会计制度的颁布留出了空间。 3. 2022年制度根据目前农村集体经济组织管理现状，新增加了“在建工程项目验收合格、交付使用后，应当及时办理竣工决算手续”。

续表

《农村集体经济组织财务制度》（以下简称2022年制度）	《村合作经济组织财务制度（试行）》（以下简称1996年制度）	比较分析
总则	总则	
	出的全部定植培育费用计价。 7. 幼畜育成转作产畜、役畜时，按市价计价。 8. 盘盈的固定资产，按重置完全价值计价。 **第二十九条**　村合作经济组织的在建工程指尚未完工、或虽已完工但尚未交付使用的工程项目。在建工程按实际消耗的费用或支付的工程价款计价。形成固定资产的在建工程完工交付使用后，计入固定资产。不形成固定资产的在建工程完工交付使用后，转为递延资产，分年度摊销，计入经营支出或其他支出。 在建工程部分发生报废或者毁损，按照扣除残料价值和过失人及保险公司赔款后的净损失，计入工程成本。单项工程报废以及由于自然灾害等非常原因造成的报废或者毁损，其净损失计入递延资产，分年度摊销，计入其他支出。 **第三十条**　村合作经济组织必须建立固定资产折旧制度，按年或按季、按月提取固定	

续表

《农村集体经济组织财务制度》（以下简称 2022 年制度）	《村合作经济组织财务制度（试行）》（以下简称 1996 年制度）	比较分析
总则	总则	
	资产折旧。所提的折旧费应保证对固定资产损耗价值的补偿。季节性使用的固定资产，要在使用期间提足全年折旧。属于农业基本建设设施的固定资产，如晒场、水渠、道路、桥涵、贮窖、堤坝、水库、鱼池等，需要重置更新的，应提取折旧；通过局部轮番修理可以达到整体更新的，不提取折旧。房屋建筑物以外的未使用和不需用的固定资产、已提足折旧仍继续使用的固定资产不提折旧。 **第三十一条**　固定资产折旧方法一般采用平均年限法和工作量法。提取时可采用个别折旧率计提，也可采用分类折旧率和综合折旧率计提。具体办法和比率，由各省、自治区、直辖市业务主管部门根据实际情况确定，并报同级财政部门备案。 **第三十二条**　固定资产的大修理费直接计入有关支出项目，一次维修费过高的，可先计入递延资产，分年摊入有关支出项目。	

续表

《农村集体经济组织财务制度》（以下简称2022年制度）	《村合作经济组织财务制度（试行）》（以下简称1996年制度）	比较分析
总则	总则	
第十八条　农村集体经济组织应当按照有关法律、法规、政策以及组织章程加强集体的牲畜、林木等生物资产管理，做好增减、摊销、死亡毁损等核算工作，落实经营管理责任。		1996年制度未单独列示生物资产，而是将牲畜、林木等生物资产管理内容包含在固定资产的管理条目中；2022年制度结合2017年全国范围内农村集体资产清产核资中发现的生物资产管理薄弱的现实情况，新增了对生物资产的管理和核算要求。
第十九条　农村集体经济组织应当按照有关法律、法规、政策明确无形资产权属及价值，纳入账内核算，落实经营管理责任，依法合规进行摊销。	**第三十七条**　村合作经济组织的其他资产包括无形资产、递延资产及其他长期资产等。 无形资产是指村合作经济组织长期使用但是没有实物形态的资产，包括专利权、商标权、著作权、土地使用权、非专利技术、商誉等。无形资产按取得时的实际成本计价，并从使用之日起，按照不少于十年的期限平均摊销，计入管理费用。转让无形资产取得的收入，计入其他收入，其成本计入其他支出。但转让土地使用权的收入，应计入公积金。 递延资产是指不能全部计入	1. 1996年制度对无形资产的分类、计价、摊销和财务处理均做出了详细的规定；2022年制度对无形资产的权属、计价、摊销只做了原则性要求，为各地财务管理细则制定和后期农村集体经济组织会计制度的颁布留出了空间。 2. 基于无形资产不具有实物形态和难以准确估值的特殊属性，2022年制度强调要求将无形资产纳入账内核算并落实管理责任。

续表

《农村集体经济组织财务制度》（以下简称2022年制度）	《村合作经济组织财务制度（试行）》（以下简称1996年制度）	比较分析
总则	总则	
	当年支出，应当在以后年度内分期摊销的各项费用，包括不形成固定资产的农业基本建设支出、固定资产及在建工程非常损失等。递延资产按不少于五年的期限分期摊销，计入经营支出或其他支出。 其他长期资产是指不属于无形资产、递延资产的其他资产。	
第二十条 农村集体经济组织对外投资应当遵守有关法律、法规和政策规定，符合农村集体经济组织发展规划，履行民主程序，做好风险评估和控制，进行严格管理。	**第五章 对外投资** **第三十八条** 村合作经济组织根据国家法律、法规规定，可以采用货币资金、实物、无形资产或者购买股票、债券等有价证券方式向其他单位投资，包括短期投资和长期投资。 短期投资指能够随时变现、持有时间不超过一年的有价证券以及不超过一年的其他投资。 长期投资指不准备随时变现、持有时间在一年以上的有价证券以及超过一年的其他投资。	1996年制度对投资的分类、计价、收益的财务处理作出了明确规定；2022年制度不再对对外投资的分类、计价、收益做出详细规定，而是强调对外投资必须符合发展规划、程序合规、风险可控。体现出2022年制度更加注重财务风险控制和责任落实而非财务处理。

续表

《农村集体经济组织财务制度》（以下简称2022年制度）	《村合作经济组织财务制度（试行）》（以下简称1996年制度）	比较分析
总则	总则	
	第三十九条　村合作经济组织的对外投资按下列原则计价： 以现金、存款等货币资金方式向其他单位投资的，按照实际支付的金额计价。 以实物、无形资产方式向其他单位投资的，按照评估确认或者合同、协议约定的价值计价。 村合作经济组织认购的股票，按照实际支付款项计价，实际支付款项中含有已宣告发放但尚未支付股利的，按照实际支付的款项扣除应收股利后的差额计价。 村合作经济组织认购的债券，按照实际支付的价款计价。实际支付款项中含有应计利息的，按照扣除应计利息后的差额计价。 **第四十条**　村合作经济组织以实物方式对外投资，其评估或合同、协议确认的价值必须真实、合理，不得高估或低估资产价值。其资产重估确认价值与其账面净值的差额，计入公积金。	

续表

《农村集体经济组织财务制度》(以下简称2022年制度)	《村合作经济组织财务制度(试行)》(以下简称1996年制度)	比较分析
总则	总则	
	大额对外投资项目，要报乡(镇)业务主管部门审查，经成员大会或成员代表大会讨论决定。 **第四十一条** 村合作经济组织要加强对各种有价证券的管理。要建立有价证券登记簿，详细记载有价证券的名称、券别、购买日期、号码、数量和金额。有价证券要有专人(一般为现金出纳员)管理。 **第四十二条** 村合作经济组织对外投资分得的利润和利息等计入投资收益。出售、转让和收回对外投资时，按实际收到的数额与其账面价值的差额，计入投资收益。	
第二十一条 农村集体经济组织应当对发生产权转移的厂房、设施、设备等大宗资产及集体土地使用权，未纳入账内核算的、非货币资产对外投资的或其他特定目的的资产进行价值评估。		随着农村城镇化的不断推进，农村集体经济组织转移大宗资产和集体使用权往往带来巨大收益。因此，2022年制度要求对未纳入账内核算的、非货币资产对外投资的或其他特定目的的资产必须进行价值评估，以确保集体经济组织成员利益不受侵害。

续表

《农村集体经济组织财务制度》（以下简称 2022 年制度）	《村合作经济组织财务制度（试行）》（以下简称 1996 年制度）	比较分析
总则	总则	
第二十二条 农村集体经济组织以出售、置换、报废等方式处置资产时，应当按照有关法律、法规和政策规定的权限与程序进行。发生的资产损失，应当及时核实，查清责任，追偿损失，并进行账务处理。	**第四章 固定资产及其他资产** **第三十三条** 大、中型固定资产的变卖和报废处理，要报乡（镇）业务主管部门审查，经成员大会或成员代表大会讨论通过后执行。 **第三十四条** 固定资产变卖和清理报废的变价净收入与其账面净值的差额计入其他收入。固定资产变价净收入是指变卖和清理报废固定资产所取得的价款减清理费用后的净额。固定资产净值是固定资产原值减累计折旧后的净额。	1. 1996 年制度对固定资产变卖和报废处置的程序要求与 2022 年制度规定的处置程序不完全相同。 2. 2022 年制度删除了处置利得的具体财务处理规定，为各地财务管理细则制定和后期农村集体经济组织会计制度的颁布留出了空间。 3. 2022 年制度更加强调落实管理责任，明确要求对发生的资产损失，应当及时核实，查清责任，追偿损失；为确保账实相符，要求进行账务处理。
第二十三条 农村集体经济组织依法依规对外投资或进行集体资产转让、发包、租赁等情形时，应当签订书面合同，明确双方的权利义务，合理确定价格。 农村集体经济组织以及农村集体经济组织经营管理人员，不得以本集体资产为其他单位和个人提供担保。	**第四章 固定资产及其他资产** 第三十五条 村合作经济组织的固定资产发包给承包者经营的，要合理确定承包金。承包者必须加强对固定资产的维护和管理，按承包合同规定，及时交纳应上交的承包金。承包者不按承包合同的规定使用集体固定资产或无正当理由不及时向村合作	1. 1996 年制度对集体资产发包、租赁等内容在第四章—固定资产及其他资产管理的相关条款中进行明确；2022 年制度将对外投资、资产转让、发包、租赁等资产运营活动，从契约精神出发，要求双方签订书面合同、明确权利义务、确定合理价格，而不再对具体作价进行硬性规

续表

《农村集体经济组织财务制度》（以下简称2022年制度）	《村合作经济组织财务制度（试行）》（以下简称1996年制度）	比较分析
总则	总则	
	经济组织交纳应上交的承包金，村合作经济组织应向其收取违约金，或经农业承包合同管理机关裁定，将固定资产收回。承包者损坏的固定资产要及时修复，不能修复的按质论价，由承包者赔偿，但不得少于其账面净值。村合作经济组织对出租的固定资产，要合理确定租金，按出租合同或协议规定，加强管理，防止流失。	定，更加符合市场经济发展的客观规律。 2. 为降低资产运营风险，2022年制度新增了“农村集体经济组织以及农村集体经济组织经营管理人员，不得以本集体资产为其他单位和个人提供担保”的规定。
第五章　收支管理及收益分配	**第六章　经营收支、收益及其分配**	
第二十四条　农村集体经济组织生产销售、提供服务、投资收益、让渡集体资产资源使用权和政府给予的经营性补贴等形成的经济利益总流入，应当依法依规加强管理，做好账务处理。	**第四十三条**　村合作经济组织的经营收入是指村合作经济组织进行各项生产、服务等经营活动取得的收入。包括农业生产收入、林业生产收入、牧业生产收入、渔业生产收入、销售物资收入、服务收入、劳务收入等。 村合作经济组织一般应于产品物资已经发出，劳务已经提供，同时收讫价款或取得收取价款的凭据时，确认经营收入的实现。对生产的农	1996年制度对经营收入分类和确认做出了详细规定，但对投资收益、让渡资产资源使用权和政府给予的经营性补贴没有做明确规定；2022年制度引入了“经济利益总流入”的概念，并将其划分为生产销售收入、提供服务收入、投资收益、让渡集体资产资源使用权利得和政府给予的经营性补贴，更加与企业所得税法规定的“收

续表

《农村集体经济组织财务制度》（以下简称2022年制度）	《村合作经济组织财务制度（试行）》（以下简称1996年制度）	比较分析
总则	总则	
	产品，应于产品收获入库时，确认经营收入的实现。 村合作经济组织的发包及上交收入是指农户和承包单位因承包集体耕地、林地、果园、鱼塘及其他集体资源等上交的承包金及村（组）办企业上交的利润。 提留收入是指农户按有关规定上交的集体提留款项。经营收入、发包和上交收入及提留收入以外的收入列为其他收入。	入总额”概念趋同，便于集体经济组织降低纳税遵从成本。
第二十五条 农村集体经济组织用于经营活动、日常管理、村内公益和综合服务、保障村级组织和村务运转等各种支出，应当计入相应的成本费用，加强管理，严格执行审批程序。	**第四十四条** 村合作经济组织的经营支出是指村合作经济组织进行各项经营活动所耗费的支出，包括种子、种苗、化肥、农药、燃料、饲料、原材料等生产资料费用以及折旧费、运输费、修理费、保险费及递延资产摊销等。 管理费用是指村合作经济组织用于管理方面的支出，包括村合作经济组织管理人员工资、办公费、差旅费、管理用固定资产折旧费和维修	1996年制度将支出划分为经营支出、管理费用和其他支出，并对各项支出做出具体说明，并提出建立健全预算、审批制度；2022年制度将支出划分为用于经营活动、日常管理、村内公益和综合服务、保障村级组织和村务运转支出，将经营支出与非经营支出进行了区分，有利于分别分析经营成果与维护社会管理和公共公益服务支出情况。

续表

《农村集体经济组织财务制度》（以下简称2022年制度）	《村合作经济组织财务制度（试行）》（以下简称1996年制度）	比较分析
总则	总则	
	费以及无形资产摊销等。经营支出和管理费用以外的支出列为其他支出。 村合作经济组织要建立健全支出的预算、审批制度，量入为出，对管理费用等非经营性开支要实行总量控制，不得超支。	
第二十六条　农村集体经济组织收益分配以效益为基础，民主决策、科学分配，保障成员合法权益。	**第四十五条**　村合作经济组织的收益总额按照下列公式计算： 收益总额＝经营收入＋发包及上交收入＋提留收入＋投资净收益＋其他收入－经营支出－管理费用－其他支出 投资净收益是指投资收益扣除投资损失后的数额。投资收益包括对外投资分得的利润、股利和债券利息，以及投资到期收回或者中途转让取得款项高于账面价值的差额。投资损失包括投资到期收回或者中途转让取得款项低于账面价值的差额。 村合作经济组织在收取农户和承包单位承包上交的承包金、农户上交的提留款和所	1996年制度对收益总额计算方式和收取承包金、提留款与企业上缴利润做了详细规定；2022年只做原则性要求，为各地财务管理细则制定和后期《农村集体经济组织会计制度》等相关文件留出了空间。

续表

《农村集体经济组织财务制度》（以下简称2022年制度）	《村合作经济组织财务制度（试行）》（以下简称1996年制度）	比较分析
总则	总则	
	属企业上缴利润时，要执行国家的有关规定，坚持取之有度、用之合理、因地制宜、量力而行的原则，既不能超越农户和所属企业的承受能力，又要保证集体扩大再生产和发展公益事业的需要。	
第二十七条　农村集体经济组织应当按照有关法律、法规、政策规定及组织章程约定的分配原则，按程序确定收益分配方案，明确分配范围、分配比例等重点事项，向全体成员公示。	**第四十八条**　村合作经济组织收益分配方案要报乡（镇）业务主管部门审查，经成员大会或成员代表大会讨论通过后执行。	1996年制度强调收益分配方案要报乡（镇）业务主管部门审查并经成员（代表）大会讨论通过后执行；2022年制度基于相关文件和组织章程已经做出规范，在要求按现行规定及组织章程来进行分配的同时，结合财务公开要求，强调向全体成员公示。
第二十八条　农村集体经济组织可分配收益按以下顺序进行分配： （一）弥补以前年度亏损； （二）提取公积公益金； （三）向成员分配收益； （四）其他。 公积公益金按组织章程确定计提比例。	**第四十七条**　村合作经济组织的收益在进行依法纳税后按照大部分用于生产发展，小部分用于集体福利的原则，以下列顺序进行分配： 1. 提取公积金。公积金用于发展生产，可转增资本和弥补亏损。 2. 提取公益金。公益金用于	在分配顺序中，2022年制度将提取福利费作为集体经济组织的费用处理，不再在税后收益中提取；同时结合集体经济组织资本构成，删除了向投资者分利的条款。

续表

《农村集体经济组织财务制度》（以下简称2022年制度）	《村合作经济组织财务制度（试行）》（以下简称1996年制度）	比较分析
总则	总则	
	集体福利等公益设施建设，包括兴建学校、医疗站、福利院、电影院、幼儿园等。 3. 提取福利费。福利费用于集体福利、文教、卫生等方面的支出（不包括兴建集体福利等公益设施支出），包括照顾烈军属、五保户、困难户的支出，计划生育支出，农民因公伤亡的医药费、生活补助及抚恤金的支出等。 4. 向投资者分利。 5. 农户分配。 6. 其他。	
第二十九条　年终收益分配前，农村集体经济组织应当清查资产，清理债权、债务，准确核算年度收入、支出、可分配收益。	**第四十六条**　村合作经济组织在进行年终收益分配工作以前，要准确地核算全年的收入和支出；清理财产和债权、债务；搞好承包合同的结算和兑现。	2022年制度不再单独强调承包合同的结算和兑现，而是将其统一纳入了收入、支出和可分配收益的核算，更加规范，行文更简明扼要。
第六章　产权管理		
第三十条　农村集体经济组织应当清查核实集体资产，明确资产权属，登记资产台账，编制资产负债表；建立成员名册和份额（股份）登记簿。		随着农村城镇化改造的推进和农村集体经济产权制度改革的深入，产权管理问题日益突出。2022年制度增加了产权管理的相关内容。

续表

《农村集体经济组织财务制度》（以下简称 2022 年制度）	《村合作经济组织财务制度（试行）》（以下简称 1996 年制度）	比较分析
总则	总则	
第三十一条 农村集体经济组织变更资产权属的，应当严格按照有关法律、法规和政策规定进行，并及时进行账务处理。		
第三十二条 村庄撤并的，不得混淆集体财务会计账目，不得随意合并、平调集体资产。		
第七章 财务信息管理		
第三十三条 具备条件的农村集体经济组织与村民委员会应当分设会计账套和银行账户。		为便于划分农村集体经济组织经济发展职能和村民委员会的社会管理和公益职能，落实集体经济组织经营管理责任，2022 年制度要求具备条件的农村集体经济组织分设账套和银行账户。
第三十四条 农村集体经济组织应当使用科学有效的方式采集、存储、管理和运用财务信息，逐步实现信息化管理，确保财务信息的真实性、完整性和可比性。	**第七章 财务报表和财务档案** **第五十一条** 村合作经济组织的财务档案包括各种经济合同和承包合同或协议，各项财务计划及收益分配方案，各种会计凭证、会计账簿和会计报表、会计人员交接清单、会计档案销毁清单等。	随着数字经济时代的到来，财务信息化管理手段的不断演化，2022 年制度新增了财务信息管理要求。

续表

《农村集体经济组织财务制度》（以下简称 2022 年制度）	《村合作经济组织财务制度（试行）》（以下简称 1996 年制度）	比较分析
总则	总则	
第三十五条 农村集体经济组织应当按照国家统一的会计制度有关规定编制年度财务会计报告，按要求报送乡镇人民政府和农业农村部门、财政部门。	**第七章 财务报表和财务档案** **第四十九条** 村合作经济组织的财务报表分为月份（或季度）财务报表和年度财务报表。 月份（季度）财务报表包括科目余额表和收支明细表等。年度财务报表包括资产负债表和收益分配表。 **第五十条** 村合作经济组织应按规定准确、及时、完整地编制财务报表，定期提供给主管部门和有关单位，并向全体成员公布。	1996 年制度对财务报表类型和财务档案管理做出具体规定；2022 年只做原则性要求，为各地财务管理细则制定和后期农村集体经济组织会计制度等相关文件留出了空间。
第三十六条 农村集体经济组织应当建立财务公开制度，以易于理解和接受的形式公开财务信息，接受成员监督。	**第七章 财务报表和财务档案** **第五十条** 村合作经济组织应按规定准确、及时、完整地编制财务报表，定期提供给主管部门和有关单位，并向全体成员公布。	基于相关文件对财务公开有详细规定，2022 年制度对财务公开制度只做了原则性要求。
第三十七条 农村集体经济组织应当按照《会计档案管理办法》等有关规定，加强会计档案建设和管理，做好会计资料的保管工作。	**第七章 财务报表和财务档案** **第五十二条** 村合作经济组织要加强对财务档案的管理。建立财务（会计）档案室（柜），实行统一管理，专人	基于《会计档案管理办法》对会计档案的管理有明确规定，2022 年制度只做原则性要求，不再对档案管理做出详细规定。

续表

《农村集体经济组织财务制度》（以下简称 2022 年制度）	《村合作经济组织财务制度（试行）》（以下简称 1996 年制度）	比较分析
总则	总则	
	负责，做到完整无缺、存放有序、方便查找。不具备条件的村合作经济组织，可将其财务档案委托乡（镇）经营管理站（办公室）统一管理。	
第八章　附则	**第十章　附则**	
第三十八条　依法代行农村集体经济组织职能的村民委员会、村民小组等参照执行本制度。	**第六十三条**　本制度适用于由村民委员会代行合作经济组织职能的村。	2022 年制度根据目前集体经济组织形式的实际情况，适用范围增加了村民小组。
第三十九条　地方农业农村部门、财政部门可根据本制度，结合实际情况制定具体实施细则。	**第六十四条**　各省、自治区、直辖市业务主管部门和财政部门，可根据本制度，结合当地实际情况，制定本制度的实施办法，并报农业部和财政部备案。	2022 年制度对地方农业农村部门、财政部门制定的具体实施细则，不再要求报农业农村部和财政部备案。
第四十条　本制度自 2022 年 1 月 1 日起施行。	**第六十五条**　本制度自 1997 年 1 月 1 日起施行。1991 年财政部、农业部制定的《村合作经济组织财务制度（试行）》同时废止。	2022 年制度没有对 1996 年制度进行废止。